MÜ[...]
auf vie[...]

**Tipps und Adressen
für das Leben mit Hund in der Stadt**

COMPANIONS

DAS SIND UNSERE AUTOREN:

Die Tierärztin Thekla Vennebusch (31) schrieb schon für viele Publikationen rund ums Tier. Sie arbeitete unter anderem als Redakteurin der Zeitschriften »Ein Herz für Tiere« und »Partner Hund« und verfasste Fachbücher über Katzen und diverse Hunderassen. Hündin Klara (5), ein Boxer-Mischling, kam aus dem Tierheim zu ihr. Beide zogen vor kurzem von Hamburg nach Osnabrück.

Caroline Colsman arbeitet als Journalistin in München. Für dieses Buch hat sie die Perspektive der Vierbeiner gewählt und so die interessantesten Tipps für Hunde und ihre Besitzer in der bayrischen Landeshauptstadt erschnuppert. Sachkundige Unterstützung bekam sie von Shibou, einem Australian-Shepherd-Rüden.

LIEBER HUNDEFREUND!

*Sie leben in München und haben einen Hund
oder tragen sich mit dem Gedanken, einen anzuschaffen?
Glückwunsch! Denn das Zusammenleben mit einem
Hund ist eine tolle Sache. Auch in der Stadt.
Vielleicht sogar gerade da.
Denn der Hund bringt Leben in den Alltag.
Er verbindet, schafft Kontakte, hält aktiv und lockt
uns an die frische Luft – bei Wind und Wetter.*

*Im Gegenzug hat die Stadt auch für den Vierbeiner
einiges zu bieten. Wo es in München tierisch hergeht und wie
sich das Leben mit Hund in München höchst angenehm
gestalten lässt, zeigt dieses Buch:
Hundetreffs in Parkanlagen, Sport und Spiel im Verein,
Züchter, Hundesitter und Pflegesalons,
»Gassigeh-Agenturen«, Tierpensionen und Hundeschulen,
tierärztliche Beratung ...
Mit diesen und vielen weiteren wertvollen Informationen,
Anregungen, Tipps und Adressen richtet sich »München
auf vier Pfoten« an alle Hundehalter dieser Stadt –
und solche, die es werden wollen. Denn mit dem richtigen
Know-how macht das Leben mit Hund in München
(noch mehr) Lust und Laune.*

*Pedigree wünscht allen Zwei- und Vierbeinern
viel Spaß mit diesem Buch!*

Inhalt

Ein Hund in der Stadt 6

Stadthunde · Umgang mit »Hinterlassenschaften« · Beziehung zw. Mensch & Hund · Sicherheit & Sympathie

Hunde in München 9

Frei & Zeit 10

Jagd- & Spieltrieb · Rücksichtnahme Tourenplanung · Sport & Spiel · Spielzeug · Auslauf · Schwimmen, Radfahren & Co · Kontakte & Treffpunkte Ausstellungen · Soziales Engagement

Hundevergnügen in München 21
  Ausflüge & Spaziergänge.......21
  Vereine 29

Erziehung & Sport 30

Hunde- & Welpenschulen · Erziehung Basisausbildung · Agility · Mobility · Obedience · Flyball · Dog-Dancing · Turniere

Los geht's. Hundetraining 37
  Hundeschulen 37
  Hundesport 38

Mobil mit Hund ...40

Straßenverkehr · Die richtige Leine Fahrrad, Inlineskates & Hund Mitnahme im Auto und Taxi Hund in Bus & Bahn Urlaub mit Hund

Unterwegs in München.........49
  Öffentliche Verkehrsmittel....49
  Tiertaxi.................................49
  Fahrradtouren 49
  Hunde in der Loipe 49
  Reisen mit Hund...................50

Gut versorgt 51

*Betreuung im Alltag
Betreuung im Urlaub
Pension oder privat?
Eingewöhnung des Hundes
Die richtige Pension*

Gut aufgehoben in München...........................56
  Tierschutzbund....................56
  Dogsitter &
  Vermittlungsstellen..............56
  Gassigeh-Service..................58
  Hundepensionen..................58

Wellness 60

*Was dem Hund gut tut …
Feng-Shui
Tellington-Touch · Hunde-Salons
Weight-Watchers
Wellness oder Medizin?*

4

Inhalt

Wohlfühlen in München 64
- Seminare 64
- Bachblüten & Co 64
- Wohlfühl-Produkte 64
- Wohlfühl-Urlaub 64

Gesund & Munter 65

*Tierarztbesuch · Kastration
Sterilisation · Gesundheitsvorsorge
Frühlingsgefühle · Hunde im Winter
Die richtige Futterwahl
Tipps zur Fütterung*

Gesund in München 72
- Hundegesundheit..................72
- Notfallbereitschaft..................72
- Fachgeschäfte......................74
- Ernährungsberatung.............76

Rechte & Pflichten 77

*»Hundefreundliches« Wohnen
Umzug mit Hund
Hund & Mietrecht
Hund & Eigentumswohnung
Umgang mit den Nachbarn
Hundesteuer · Anleinen
Einkaufen & Ausgehen
Versicherungen
Kennzeichnung · Haustierregister*

Regionale Paragrafen 87
- Hundesteuer 87
- Pflichten..............................87
- »Gefährliche Hunde«............88
- Rat & Hilfe 90
- Tiersuche 90

Dackel, Dogge oder Dobermann ..91

*Der richtige Hund · Infoadressen
Wichtige Auswahlkriterien
Geeignete Hunderassen für die Stadt
Kinderfreundliche Hunderassen
Geeignete Hunderassen für Senioren
Tierbetreuung nach
dem Tod des Halters*

Hund gesucht! 98
- Hundezüchter 98
- Tiervermittlung 101
- Hundeausstellung 101

Hundefreundliche Adressen vor Ort 102

Adressen rund um den Hund.......................103
- Hotels.................................103
- Servicehunde.......................103
- Hundesalons & -zubehör 104
- Hundefotografie 104
- Altenheime.........................105
- Abschied vom Hund 106

Index 108

Impressum 112

EIN HUND IN DER STADT – PARADIESISCH ODER PARADOX?

Stadt oder Land? Wer kennt sie nicht, die müßigen Diskussionen über das Für und Wider dieser Lebensräume? Dabei haben beide ihre Vor- und Nachteile, sowohl für Zwei- als auch für Vierbeiner. Zweifellos bietet das Landleben Hund und Mensch einige Vorzüge, das Leben in der Stadt aber auch!

Ein Blick in den Stadtpark ist Beweis genug, dass sich bei artgerechter Tierhaltung auch Großstadthunde im wahrsten Sinn des Wortes »pudelwohl« fühlen: Fröhlich toben und tollen da die Vierbeiner über die Hundewiese. Große und kleine, junge und alte, schicke und »normale«, alles was vier Beine hat und bellen

DAS KOMMT SELBSTVERSTÄNDLICH IN DIE TÜTE

Fragt man Passanten, was sie von Hunden in der Stadt halten, erhält man meist folgende Antwort: »Hunde finde ich Klasse, nur das mit der Hunde..., das stinkt mir!« Und Recht haben sie. Denn es ist nicht schwer, einem Hund beizubringen, dass nur Gebüsch und Wald als Toilette dienen, Bürgersteige und Wiesen aber tabu sind. Sollte doch einmal ein Missgeschick passieren, ist dies kein Problem. Denn es macht kaum Mühe, als Hundehalter immer einige Plastiktütchen dabeizuhaben, um die Hinterlassenschaften seines Vierbeiners kurzerhand entsorgen zu können. Mehr Informationen zu diesem Thema finden Sie im Faltblatt »Gassi gehen – kein Problem«, das beim Deutschen Tierschutzbund e.V., Baumschulallee 15, 53115 Bonn, Tel. 0228-604 96-0, Internet: www.tierschutzbund.de, gratis bezogen werden kann.

EIN HUND IN DER STADT

LEBENSFREUDE PUR: KLEINES ENERGIEBÜNDEL IM PARK

kann. Lebensfreude pur. Ein soziales Miteinander, das Hunde auf dem Lande oft vermissen. Aber auch mit seinem Menschen gemeinsam einen Trimm-dich-Pfad zu meistern, im Verein Agility zu lernen oder im Park Frisbee zu spielen, sind Vergnügen, die das Herz eines jeden Hundes höher schlagen lassen.

Enge Bande zwischen Hund & Mensch

Hunde sind Rudeltiere. Sie brauchen den Kontakt zu Artgenossen. Vor allem aber lieben und brauchen Hunde ihren Menschen.

Nichts bedeutet einem Hund so viel wie diese Bindung. Sein Mensch, der die Stelle des Rudelführers einnimmt, bietet ihm Geborgenheit, Sicherheit und Schutz. Ob sich einst der Hund dem Menschen angeschlossen hat oder ob der Mensch von sich aus auf den Hund bzw. den Wolf gekommen ist, lässt sich nicht mehr feststellen. Auf jeden Fall jedoch hat dieses Miteinander, das sich über Jahrtausende entwickelte, bis heute Bestand. Immer noch lebt der Hund an der Seite des Menschen – auch in der Stadt. Wurde ein Hund früher in erster Linie als Arbeitstier gehalten, hat

Ein Hund in der Stadt

der Stadthund heutzutage eine andere Funktion zu erfüllen: Er ist zuverlässiger Begleiter und treuer Freund seines Menschen und schenkt ihm Schwung, Geborgenheit und Lebensfreude.

Wie viel Hunde ihren Besitzern geben, zeigen zahlreiche wissenschaftliche Studien: Demnach gehen Menschen an der Seite eines Hundes zufriedener durchs Leben und sind gesünder und freundlicher. Ihre Lebensqualität steigt! Außerdem wirken Hundehalter auf andere Menschen sympathischer, werden offener angesprochen und knüpfen häufiger neue Kontakte. Im Rahmen einer Studie unter Leitung von Professor Reinhold Bergler, Psychologisches Institut der Universität Bonn, gaben 80 Prozent aller Hundefreunde an, mit ihrem Leben zufrieden zu sein. Bei den Menschen ohne Hund waren es lediglich 55 Prozent.

»Vollkommen gesund« fühlten sich aufseiten der Hundehalter 30 Prozent, aufseiten der Nicht-Hundehalter dagegen nur 14 Prozent.

Keine Frage, für das Leben mit dem Vierbeiner lohnt es sich, den alltäglichen Tagesablauf und Urlaubsreisen ein wenig zu planen und zu organisieren. Gewusst wie und wo, findet sich immer ein Weg, auf dem Hund und Mensch gemeinsam und zufrieden durch das (Stadt-)Leben gehen können.

SICHERHEIT & SYMPATHIE

Einen Hund in der Stadt gut erzogen und stets unter Aufsicht zu halten, ist in zweierlei Hinsicht von Bedeutung. Zum einen bietet diese Umsicht Sicherheit und Schutz im Straßenverkehr. Für den Hund, für den Halter und vor allem für die übrigen Verkehrsteilnehmer. Zum anderen wird so aber auch Rücksicht geübt. Auf Menschen, die mit Hunden nicht vertraut sind, manchmal sogar ein wenig Angst vor ihnen haben. Denn nicht nur gebrechliche Menschen und Eltern mit kleinen Kindern fühlen sich wohler, wenn ein fremder Hund unter Kontrolle ist, ganz gleich, wie lieb und gut erzogen er auch ist. Und sie danken es dem Halter und seinem Hund – mit Verständnis, Toleranz und Wohlwollen.

Ein Hund in der Stadt

HUNDE IN MÜNCHEN

Hundepopulation

Offiziell laufen rund 28.000 »Zamperl« durch die Straßen und Parks der Isarmetropole. Der im Moment wohl berühmteste kleine Hund lebt quietschfidel bei seinem ebenfalls sehr prominenten Herrchen Rudolph Moshammer: Es ist die Hündin Daisy, ein zarter Yorkshire Terrier, der es sogar zur Schriftstellerin gebracht hat. Vielsagender Titel ihres Buches: »Bekenntnisse einer Hundedame«.

»Zamperl«-Wirtschaft

Trotz des literarischen Werks der Yorkshire-Hündin ist und bleibt der Dackel der Inbegriff des typisch bayerischen Hundes. Grantig und mit einem Dickschädel geboren, stapft er mutig auf seinen krummen Beinchen durch das Leben. Der Münchner verbindet mit dem Dackel automatisch den Rauhhaardackel. Die anderen Schläge konnten sich hier kaum etablieren. Und das, obwohl »Waldi« – wohlgemerkt ein Kurzhaardackel – seit langem mit seinem Herrchen Herrn Hirnbeiß täglich in der Abendzeitung zu sehen und aus München nicht mehr wegzudenken ist. Beide wurden 1961 auf dem Zeichentisch der inzwischen verstorbenen Illustratorin Franziska Bilek geboren.

Eine ähnlich wichtige Hundepersönlichkeit Münchens war die rote Bulldogge, Markenzeichen für das satirische Schwabinger Wochenblatt »Simplicissimus«. Im April 1896 erstmals verlegt, wurde das Blatt später sehr erfolgreich.

Hundeberühmtheiten

Auch das Fernsehen hat seine Hundespuren an der Isar hinterlassen. Am 2. 9. 1990 erblickte »Willy Wuff« in München das Licht der Welt. Später hatte er bis zu acht Millionen Fernsehzuschauer. Leider war ihm nur ein kurzes Hundeleben vergönnt: Er starb am 29. 12. 1998.

Aus Spanien verschlug es »Nouni« an die Ufer der Isar in die Arme einer Tiertrainerin. Die putzige Mischlingshündin zeigte sich gelehrig und übernahm souverän die Rolle von »Dr. Knoll« in der ZDF-Serie »Tierarzt Dr. Engel«.

FREI & ZEIT – GEMEINSAM AKTIV UND UNTERWEGS

Was für Fußballmuffel 22 Menschen mit einem Ball auf einer Wiese mit zwei Toren sind, sind für manch einen Spaziergänger Hund und Herr beim Stöckchen-Spiel: einfach nur verrückt. Dabei ist das Stöckchen-Spiel Kult! Und ganz unkompliziert: Eine Wiese, ein Stück Holz und ab geht der Spaß!

Spielen und Toben sind dabei nicht nur ein reines Vergnügen, sondern für den Hund eine Möglichkeit, seinen Jagdtrieb auszuleben. Denn der schlummert – mehr oder weniger ausgeprägt – auch heute noch in jedem Vierbeiner. Hat ein Hund zu wenig Gelegenheit, seine Instinkte kontrolliert auszuleben, werden Fahrradfahrer, Jogger oder spielende Kinder schnell zur »Ersatzbeute«. Und das ist einem friedlichen Zusammenleben von Hund und Mensch in der Stadt nicht gerade förderlich …

GLÜCK AUF SECHS BEINEN: ENDLICH RAUS INS GRÜNE!

[**FREI & ZEIT**

SPIELER-NATUR

Anders als bei Wölfen bleibt der Spieltrieb bei Hunden ein Leben lang erhalten. Welpen und Junghunde spielen zwar deutlich mehr und ausgelassener als erwachsene Hunde, aber auch diesen ist das Spiel noch ein Bedürfnis. Wenn auch von Rasse zu Rasse unterschiedlich ausgeprägt. Grundsätzlich gehören Hunde zu den Tierarten, die am meisten spielen. Diesen Trieb zu befriedigen ist Voraussetzung für eine artgerechte Hundehaltung, aber auch wesentlich für die Entwicklung und das Verhalten eines Hundes. Im Spiel mit Artgenossen, aber auch im Spiel mit seinem Menschen lernt ein Hund wichtige Regeln für das soziale Miteinander.

Freizeitspaß für zwei

Gemeinsam aktiv sein und schöne Dinge unternehmen, festigt auch die sozialen Bande zwischen Hund und Mensch. Das »Wie, Wo, Was« der Unternehmungen ist dabei zweitrangig. Allein die Bedürfnisse und Vorlieben von Hund und Herrchen entscheiden über das Freizeitprogramm. Manche Hunderassen brauchen permanent Aktion, gezielte Beschäftigung und enorm viel Auslauf. Andere sind genügsamer und trotten lieber gemütlich schnüffelnd durch den Park. In vielerlei Hinsicht bietet das Stadtleben hier deutliche Vorteile. Das Freizeitangebot und die Chancen, Kontakt zu anderen Hunden und ihren Haltern zu bekommen, sind in und nahe der Stadt um vieles größer als auf dem Land. Bei all dem Spaß darf aber eins nicht untergehen: Rücksicht auf Mitmenschen und Natur. Lautstarkes Frisbee-Spiel im Innenhof zur Mittagszeit ist ebenso tabu wie ein Spaziergang ohne Leine im Naturschutzgebiet. Kurz: Ein harmonisches Miteinander in der Stadt ist nur dann möglich, wenn sich auch Hundehalter an die Spielregeln halten.

Spaziergänge

Egal, ob auf der allmorgendlichen Runde durch den Park oder auf einer mehrstündigen Wanderung – für den Vierbeiner sollte es stets etwas Neues zu entdecken geben. Denn um sich wohl zu fühlen, braucht ein Hund nicht nur ausreichend Bewegung, sondern auch die Gelegenheit, neue Eindrücke zu sammeln, fremde Gerüche und

FREI & ZEIT

Geräusche wahrzunehmen und vor allem den Kontakt zu Artgenossen zu pflegen. Damit es immer etwas Spannendes zu erleben und zu erschnüffeln gibt, empfiehlt es sich, nicht die ewig gleiche Runde zu drehen, sondern die Spaziergänge zu variieren. Und das ist ganz einfach: Kurz schlau gemacht, wo Hunde freien Lauf haben oder nur streckenweise angeleint werden müssen, und schon kann es losgehen. Wer gern Artgenossen – tierische wie menschliche – treffen möchte, sucht sich einfach ein Ziel mit »Hunde-und-Halter-Treff-Garantie«. Meist dauert es nicht lange, bis vier- und zweibeinige Pendants gefunden sind, mit denen man sich gut versteht und bald schon gezielt zum gemeinsamen Spaziergang verabredet. An manchen Tagen lässt sich ein Spaziergang dann auch zu einer Wanderung oder einem Ausflug ausdehnen. Das Angebot ist groß, die Möglichkeiten zahlreich. Vorab sollte man sich auch hier informieren, wo Hunde erlaubt sind und frei laufen dürfen oder angeleint geführt werden müssen. Auch im Restaurant oder Hotel, in dem man zu Mittag essen oder aber am Abend übernachten möchte, sollte vorher kurz sichergestellt werden, dass Hunde erwünscht sind.

Sport & Spiel

Hier gibt es zwei Möglichkeiten: Entweder werden Sport und Spiel in den obligatorischen Spaziergang eingebaut oder aber die Aktivitäten werden gezielt, in einer Gruppe, in einem Hundeklub oder einer Hundeschule in Angriff genommen. Letzterem widmet sich das Kapitel »Erziehung &

FAIRPLAY

Selbstverständlich dürfen andere Menschen nicht unter dem Vergnügen von Hund und Herrchen leiden. Ungestüm spielende Hunde haben für Menschen, die mit Tieren nicht vertraut sind, manchmal etwas Bedrohliches. Sie können die Kraft des fremden Hundes nicht einschätzen. Aber auch unerschrockene Spaziergänger fühlen sich – zu Recht – gestört und belästigt, wenn ihnen zuerst ein dreckiger Ball und dann noch ein tobender Hund entgegenkommen.

[FREI & ZEIT

DER KLASSIKER SCHLECHTHIN: »HOL DAS STÖCKCHEN!«

Sport «; auf den folgenden Seiten finden Hundehalter zunächst ein paar Anregungen und Tipps für alltägliche Aktivitäten mit dem Hund. Hunde lieben jede Art von »Werf-Lauf-Hol-Bring-Spielen«. Denn in freier Natur gehört das Apportieren zum Beutefang. Es zählt somit zum natürlichen Verhaltensrepertoire des Hundes. Hetzen, Laufen, Suchen – also der komplette Beutetrieb wird beim Apportieren (kontrolliert) ausgelebt. Ein Vergnügen, das man seinem Hund problemlos bieten kann – in nahezu jeder beliebigen Variante. Nicht nur Ball und Stöckchen, sondern auch viele andere Gegenstände eignen sich hierzu. So etwa die moderne Alternative zum Tennisball, die hundegerechte Frisbee-Scheibe. Das bedeutet Werf- und Fang-Akrobatik für Fortgeschrittene, denn der Umgang mit einer Frisbee-Scheibe ist gar nicht so einfach – dafür umso spannender. Im Zoofachhandel gibt es noch andere originelle Spielzeuge, die unermüdlich geworfen, geholt und gebracht

FREI & ZEIT

werden können. Wichtig ist nur, dass diese bestimmte Sicherheitskriterien erfüllen. So sollte ein Spielzeug immer so groß sein, dass der Hund es im Eifer des Gefechts nicht verschlucken kann. Und aus festem Material muss es sein, damit es nicht in »maulgerechte Häppchen« zerbissen wird. Ablösbare Teile, scharfe Kanten, Metall und andere harte Materialien, die splittern und die Zähne verletzen könnten, verbieten sich von selbst. Auch beim Klassiker, dem Stöckchen, ist darauf zu achten, dass es stabil und relativ glatt ist, sonst kann es zu bösen Verletzungen kommen. Vorsicht: Manche Hunde haben die Angewohnheit, mit Steinen zu spielen. Das Gebiss der Tiere leidet darunter sehr. Spielen mit Steinen sollte daher konsequent unterbunden werden!

DIE MEISTEN VIERBEINER LIEBEN WASSER

FREI & ZEIT

WIE VIEL AUSLAUF BRAUCHT EIN HUND?

Ein Hund muss mehrmals täglich ausgeführt werden, damit er in Ruhe sein Geschäft erledigen kann. Daneben braucht er Auslauf. Je nach Größe, Alter und Temperament unterschiedlich viel. Als Faustregel gilt: Ein Hund mit durchschnittlichem Bewegungsdrang sollte mindestens dreimal täglich eine halbe Stunde Auslauf haben. Ergänzend kann im Garten oder der Wohnung gespielt und getollt werden. Dies ist jedoch kein Ersatz für regelmäßige Spaziergänge. Denn um körperlich und geistig fit zu bleiben, braucht der Hund eine erweiterte Erlebniswelt außerhalb von Haus und Garten.

Viele Hunde sind nicht nur passionierte »Spieler«, sondern auch begeisterte »Wasserratten«. Weil Schwimmen ein prima Training für Muskulatur und Bewegungsablauf ist, sollte man seinem Vierbeiner sooft wie möglich einen Abstecher ins nächste Gewässer gönnen, vorausgesetzt, das Baden ist Hunden dort gestattet. Auch ein Bad bei niedrigen Temperaturen (bis 10°C) schadet Hunden nicht. Vorausgesetzt, sie haben danach Gelegenheit, sich wieder warm und trocken zu laufen. Im Hochsommer sollte Herrchen unbedingt einen prüfenden Blick aufs Wasser werfen, bevor er ein erfrischendes Bad erlaubt. Gerade in kleineren, stehenden Gewässern wimmelt es bei großer Hitze von Krankheitserregern und Parasiten. Im Zweifelsfall kann man sich bei der zuständigen Gemeinde nach der Wasserqualität erkundigen; auch das Lokalradio informiert, ob in den umliegenden Gewässern das Baden bedenkenlos möglich ist. Ein Badeverbot gilt auch an Steilufern und bei starken Strömungen, sonst kann es passieren, dass der Hund das Ufer nicht mehr aus eigener Kraft erreicht.

Radfahren, Kickboarden, Skaten & Co

Die meisten Hunde lieben es, neben Fahrrad, Roller oder Kickboard herzulaufen. Auch beim Inlineskaten begleiten sie ihren Menschen gern. Es gibt allerdings – schon allein aufgrund der körperlichen Konstitution – laufmuffelige Rassen wie den Mops und den Basset, aber selbst unter den

FREI & ZEIT

kleinen Hunden finden sich durchaus bewegungsfreudige Vertreter, wie zum Beispiel der hochbeinige Jack Russel Terrier. Grundsätzlich sollte das Laufen neben Fahrrad & Co – zunächst mit und später ohne Leine – erst einmal geübt werden. Wie ein Hund ein (verkehrs-)sicherer Begleiter neben dem Fahrrad, beim Rollern und Inlineskaten wird, ist im Kapitel »Mobil mit dem Hund« ausführlich erläutert. Viel Spaß macht es übrigens auch, mit dem Hund gemeinsam zu joggen. Beim Joggen lassen sich nebenbei hervorragend kleine Übungen einbauen, wie zum Beispiel ein kurzes Versteck-und-Such-Spiel oder ein Slalomlauf um eine Baumreihe. Eine ganz

WICHTIGE SPIELREGELN

▶ Der Mensch entscheidet, wann, wo, was und wie lange gespielt wird. Denn auch in der Natur ist es allein der Rudelführer, der dies bestimmt. Es kann nicht genug gespielt und getobt werden – jedoch ausschließlich auf Initiative des Hundehalters.

▶ Rudelführer Mensch geht immer als Sieger aus einem Spiel. Das Stöckchen oder Spielzeug ist immer in seiner Hand, wenn das Spiel durch ihn beendet wird.

▶ Ein Spiel endet immer mit einem positiven Erlebnis. Zum Beispiel also erst dann, wenn der Ball gefunden und apportiert wurde.

▶ Vorsicht – den Hund nicht überfordern! Im Eifer des Gefechts bemerken Hunde oft nicht, wenn sie an ihre körperliche Leistungsgrenze kommen. Daher ab und zu Ruhepausen einlegen und bei längeren Touren einen Wasservorrat inklusive Trinknapf mitnehmen.

▶ Direkt nach der Fütterung, an heißen Sommertagen und in der Mittagshitze ist Auszeit – zu viel Bewegung ist hier gesundheitsschädlich, in extremen Fällen sogar gefährlich.

FREI & ZEIT

besondere Herausforderung für Hund und Herrchen ist der Trimm-dich-Pfad. An den Stationen sollte man allerdings auf jeden Fall Rücksicht auf andere – vor allem hundelose – Sportsfreunde nehmen. Also: am besten eine Extra-Runde drehen und warten, bis die »Vor-Turner« ihre Übung beendet haben.

Gesellige Treffen unter Hundefreunden

Vorbei sind die Zeiten, in denen der Hundeverein synonym für die Ausbildung von Arbeitshunden stand. Obwohl es sie auch noch heute gibt, die Möglichkeit, seinen Hund unter professioneller Aufsicht auszubilden (siehe Seite 31). Ergänzend oder alternativ bieten Hundeschulen, Vereine und Klubs zahlreiche Möglichkeiten, etwas mit anderen Hundefreunden zu unternehmen. Neben gemeinsamen Spaziergängen werden zum Beispiel auch Schnitzeljagden, spaßige Wettbewerbe à la »Spiel ohne Grenzen« oder Sommerfeste organisiert.

Viele Klubs und Vereine bieten übrigens so genannte Welpenspielgruppen an. Hier toben und tollen die jungen Hunde, derweil Frauchen und Herrchen Erfahrungen austauschen. Außerdem werden unter fachlicher Anleitung bereits wichtige erzieherische Grundlagen vermittelt. Diese Angebote wahrzunehmen, ist mehr als sinnvoll, denn besonders in der

GEMEINSAM UNTERWEGS

Stadt ist darauf zu achten, dass die Tiere richtig sozialisiert werden, also den Umgang mit ihren Artgenossen und das Einmaleins der Erziehung von Welpenbeinen an lernen.

Ein nettes Trüppchen für einen geselligen Hunde-Treff findet sich aber sicher auch über eine Annonce in der lokalen Zeitung oder am schwarzen Brett beim Tierarzt.

Ausstellungen

Interessant, spannend und lustig kann es außerdem sein, Veranstaltungen wie Rasse-Ausstellungen oder Mischlings-Shows zu besuchen. Dabei hat man als Hundehalter die Möglichkeit, entweder mit dem eigenen Vierbeiner in den Ring zu treten und auf eine Platzierung zu hoffen, oder aber

FREI & ZEIT

das Geschehen als Zuschauer zu verfolgen. Die Angebote sind vielfältig. Da gibt es die klassischen Ausstellungen, organisiert von den offiziellen Zucht-Vereinen und -Verbänden, auf denen Rassehunde mit Stammbaum und Papieren von professionellen Richtern beurteilt werden. Viele lokale Vereine, Hundeschulen und Tierheime richten aber auch alternative Wettbewerbe aus. Hier kommen Rassehunde ohne Stammbaum und Mischlinge zum Zuge, und oft werden neben der Schönheit auch ein paar Gehorsamkeits- oder Geschicklichkeitsübungen bewertet. Die Teilnahme an solchen Hunde-Shows bereitet normalerweise nicht nur dem Herrchen, sondern auch dem Hund Vergnügen – vorausgesetzt, er wurde gründlich darauf vorbereitet. Dabei gibt es unter Hunden wahre Showtalente, die den Auftritt im Ring genießen, während es für andere Vierbeiner puren Stress bedeuten kann, im Rampenlicht zu stehen. Jeder Hundehalter muss daher selbst entscheiden, was er seinem Vierbeiner zumuten kann.

Wo und wann welche Art von Veranstaltung stattfindet, erfahren »Show-Lustige« aus der lokalen Presse, aus Hundezeitschriften oder bei überregionalen und lokalen Vereinen, Klubs und Verbänden. Auch im Internet werden unter www.mypetstop.com Veranstaltungstermine in der Hunde-Szene bekannt gegeben.

PÄDAGOGISCH WERTVOLL

Spielerisches Vergnügen kann und sollte erzieherisch genutzt werden. Viele Grundübungen können so auf angenehme Weise erlernt bzw. gefestigt werden. Ein Beispiel: Man wirft einen Ball. Hund läuft hinterher und steht dann mit dem Ball in der Schnauze 30 m entfernt. Idealer Zeitpunkt, um ein kurzes, ruhiges »Komm« zu sprechen. Der Hund kommt und wird gelobt. Nun gleich die zweite Übung: »Aus«. Erst wenn der Hund daraufhin den Ball aus dem Maul gibt und sich auf ein folgendes »Sitz« brav hinsetzt, geht das Spiel weiter.

[FREI & ZEIT

DAS ERSTE GLOBALE HEIMTIERPORTAL ...

... bietet den super Info-Service rund um den Hund: **www.mypetstop.com**. Sie haben Fragen zur Ernährung Ihres Hundes, suchen eine Tierarztpraxis in Ihrer Nähe oder brauchen Expertenrat zur Erziehung Ihres Vierbeiners? Dann sind Sie auf dieser Website an der richtigen Adresse. Das erste globale Heimtierportal im Internet hat alle wichtigen Informationen parat, bietet einen vielseitigen Service und jede Menge Spaß und Unterhaltung rund um den besten Freund des Menschen.
Hier können Sie sich über die Hunderassen dieser Welt informieren, ein ausgewähltes Expertenteam um Rat fragen, Interessantes über Hundeausstellungen in Ihrer Umgebung erfahren oder per E-Mail eine persönliche Postkarte an Ihre Freunde senden. Oder möchten Sie eine originelle und nützliche Homepage eigens für Ihren Hund erstellen? Mit www.mypetstop.com kein Problem!

Soziales Engagement

Etwas ganz Besonderes ist es, mit seinem Hund Gutes zu tun und anderen Menschen Freude zu schenken – mit Besuchen von Krankenhäusern, Seniorenheimen, Behindertenwerkstätten, Kindergärten und Schulen. Organisierte Besuchsdienste werden seit einigen Jahren mehr und mehr auf- und ausgebaut. Alle Hundehalter, die einen zutraulichen Hund mit einem offenen Wesen haben, können mitmachen. Die ehrenamtlichen Organisatoren und Institutionen freuen sich über jeden, der sie tatkräftig unterstützt. Und erst recht freuen sich die Menschen, die den zwei- und vierbeinigen Besuch bekommen! Wer Interesse hat, mit seinem Hund regelmäßig eine soziale Einrichtung zu besuchen, kann sich zum Beispiel an folgende Adressen wenden:

FREI & ZEIT

▶ Tiere helfen Menschen e.V., Münchener Str. 14, 97204 Höchberg, Tel. 0931-404 21 20.
▶ Leben mit Tieren e.V., Teltowkanalstr. 1, 12247 Berlin (Lankwitz), Tel. 030-618 22 86.
▶ Informationen über einen ehrenamtlichen Schulbesuchsdienst mit Hund erteilt die Initiative »Hunde helfen Menschen«, Evi und Klaus Rose, Postfach 14 01, 33146 Salzkotten, Tel. 05258-215 05, Fax 05258-214 92, Internet: www.Hunde-helfen-Kids.de, E-Mail: Hunde-helfen-Menschen@t-online.de.

GUT ERZOGENES DUO

[FREI & ZEIT

HUNDEVERGNÜGEN IN MÜNCHEN

Ausflüge & Spaziergänge

Allacher Forst
S2, Karlsfeld.
Ein Spaziergang durch den Allacher Forst lohnt sich! Mit etwas Glück können Sie sogar Rehe beobachten. Seit hier ein Rangierbahnhof gebaut wurde, musste allerdings ein Teil dieser wertvollen Oase weichen. So ist die Natur leider auf kleinsten Raum zurückgedrängt. Rücksichtsvolle Hundebesitzer führen ihre Hunde an der Leine, um die heimischen Tiere nicht zu stören. Auch sollten Sie die Wege nicht verlassen.

Angerlohe
S2, Allach. Parkmöglichkeit: rundherum.
Dieser herrliche kleine Wald in Allach ist eine echte Entdeckung! Egal, ob Sie in der Nähe wohnen oder als Besucher ein Gassiplätzchen für Ihren Hund suchen – das idyllische Fleckchen Grün ist eine echte Großstadtoase. Hunde müssen nicht angeleint werden.

Botanischer Garten
Menzinger Str. 65, 80638 München, Tel. 089-178 61-310 u. 178 61-350, Tramlinie 17, Botanischer Garten.
Für die Parkplatzsuche sollten Sie etwas Zeit mitbringen. Trotzdem ist der Botanische Garten unbedingt einen Besuch wert! Eine solche Pflanzenvielfalt hat Ihr Hund bestimmt noch nicht gesehen! Mit seinen fantasievollen Anlagen, wie beispielsweise der eindrucksvoll gestalteten Farnschlucht oder dem Alpinum, ist der Botanische Garten wie geschaffen für einen ausgedehnten Spaziergang mit Ihrem vierbeinigen Freund. Sie dürfen Ihren Hund zwar mitnehmen, er muss allerdings angeleint bleiben und darf nicht mit in die Gewächshäuser hinein. Doch das zugängliche Freigelände bietet im Sommer ausreichend Abwechslung für Herrchen und Hund. Wenn eine Begleitperson auf Ihren Hund aufpasst, können Sie auch Orchideen und andere exotische Pflanzen in den Häusern bewundern. Die Mitnahme eines Hundes in den Botanischen Garten ist kostenlos.

Eichelgarten
Parkmöglichkeit: Parkplätze an der alten Olympiastraße Richtung Starnberg.
Haben Sie Lust auf ein gemütliches Picknick im Grünen in einer wirklich stimmungsvollen Umgebung? Dann ist der Eichelgarten ein unbedingtes Muss. Besonders im Frühherbst, wenn sich das Laub verfärbt und in der warmen Herbstsonne glänzt. Den schön gelegenen Eichelgarten finden sie am Fußweg Römerstraße mitten im Forstenrieder Park. Ein besonderes Highlight sind die uralten, riesigen, bizarr geformten Eichen, die auf einer wunderschönen Wiese stehen.

Die Pfote markiert besonders empfehlenswerte Ausflüge und Spaziergänge

Frei & Zeit

🐾 Englischer Garten
U3, U6, Haltestelle Universität.
Weitläufige Wiesen, so weit die Hundepfoten tragen, fließende Gewässer und Artgenossen zum Toben: Wer sich und seinem Hund einen großartigen Tag schenken möchte, sollte den Englischen Garten besuchen. Während sich Ihr Vierbeiner wohl eher für seine Artgenossen interessieren dürfte, können Sie bei Ihrem Spaziergang, vorbei am klassizistischen Rundtempel, den Chinesischen Turm und nach etwa fünf Minuten Gehzeit 200 Jahre alte Bäume bestaunen.
Offiziell sollten Hunde zwar an die Leine genommen werden, doch nicht alle Münchner Hundebesitzer halten sich an dieses Gebot. Allerdings beheimatet der Park im nördlichen Teil Rehe und ein Schäfer zieht mit seiner Herde durch Münchens berühmtesten Park. In der Nähe der Schafe besteht verständlicherweise Leinenpflicht. Gleichzeitig ist der Park auch Ausrittgelände für die Universitätsreitschule an der Königinstraße, sodass manchmal auch Pferde Ihren Weg kreuzen.
Ein Hund – egal, ob er in München wohnt oder zu Besuch ist –, der den Englischen Garten noch nicht erlebt hat, hat wirklich etwas verpasst!

Forstenrieder Park per Fahrrad
Das Netz von geteerten Radwegen, das den Park durchzieht, ist ideal geeignet für eine Radtour. Für eine genaue Tourenplanung sollten Sie sich eine Fahrradkarte besorgen. Durch den Wald führen meist sehr sonnige Wege, auf denen es im Sommer ziemlich heiß wird. Wer Schatten bevorzugt, unternimmt die Tour durch den Forstenrieder Park deshalb besser an einem bewölkten Tag. Zur Erfrischung zwischendurch empfiehlt es sich, Getränke sowie einen Vorrat an Wasser für den vierbeinigen Begleiter mitzunehmen. Tipp: Radeln Sie an Sommerwochenenden – wenn die Radwege von vielen Ausflüglern benutzt werden – auf den ungeteerten Seitenwegen. Dort können Sie Ihre Radtour ungestört genießen, und auch Ihrem Hund wird es besser gefallen.

Forstenrieder Park, westlicher Teil
Start- u. Parkmöglichkeit: Parkplatz an der alten Olympiastraße Richtung Starnberg.
Wenn Sie eine schöne Gassimöglichkeit suchen, die Abgeschiedenheit lieben und nicht auf andere Hunde, Radfahrer und viele Spaziergänger treffen möchten, wird Ihnen und Ihrem Hund der Forstenrieder Park gefallen.
Sobald Sie auf einen Seitenweg abbiegen, herrscht paradiesische Ruhe und Zwei- und Vierbeiner können Laufvergnügen pur genießen. Das Wild hat sich in die

FREI & ZEIT

tieferen Stellen des Waldes zurückgezogen.
Nachteil im Sommer: Fehlender Schatten und keine Gewässer. Und Vorsicht: Im östlichen Teil des Waldes leben Wildschweine; das Mitbringen von Hunden ist dort verboten. Doch keine Sorge, Sie werden nicht plötzlich einem Eber samt Familie gegenüberstehen: Ein riesiges Gebiet wurde eingezäunt und Hinweisschilder an den Eingängen warnen Sie rechtzeitig.

Fürstenrieder Wald
U6, Großhadern.
Der Fürstenrieder Wald ist ein beliebter Hundewald. Er liegt zwischen Großhadern und Neuried. Wenn Ihnen und Ihrem Vierbeiner dieses Waldstück zu wenig Auslaufmöglichkeit bietet, können Sie weiter zum Forstenrieder Park wandern: Er beginnt jenseits der Fürstenrieder Straße.

Isar
Wandermöglichkeit: z.B. ab Thalkirchen. U3, Thalkirchen.
Großzügige Grünflächen erstrecken sich entlang der Isar, die München von Südwesten nach Nordosten durchfließt. Sie bieten wunderbare Auslaufmöglichkeiten für Ihren Vierbeiner, auch für »Langstreckenläufer«. Angst vor Artgenossen sollte er aber nicht haben: An schönen Tagen wimmelt es hier nur so von Hunden. Innerhalb Münchens ist die Isar im Sommer stark frequentiert und

KURZE RAST – DANN GEHT DIE TOBERUNDE WEITER!

Frei & Zeit

zeitweise auch verschmutzt. Lokale Nachrichtensender melden, wenn Badeverbot besteht. Sie sollten dann auch Ihren Hund zum Schutz seiner Gesundheit auf keinen Fall schwimmen lassen. Weitere Gefahren sind die starke Strömung in einigen Flussabschnitten und steile Uferzonen, an denen Ihr Hund unter Umständen nicht mehr herauskommt. Schauen Sie sich die Badestelle am besten genau an, bevor sich ihr Liebling dort in die Fluten stürzt.

Isar Ausflugtipp 1
Wittelsbacherbrücke.
Möchten Sie Ihren Liebling mit vielen Artgenossen zusammenbringen? Dann starten Sie Ihren Spaziergang an der Wittelsbacherbrücke und wandern stadtauswärts bis zur Brudermühlbrücke. Dort kehren Sie wieder um. Ihr Hund kann auf dieser Strecke nach Herzenslust baden, spielen und buddeln. Zwei Stunden sollten Sie für die vier Kilometer lange Strecke schon einplanen. Schließlich ergibt sich fast immer ein Plausch mit anderen Hundebesitzern.

Isar Ausflugtipp 2
Startpunkt: S7, Baierbrunn.
Ein idealer Großausflug für mehrere Hunde und ihre menschlichen Begleiter ist die Isar-Strecke ab Baierbrunn Richtung München. Es geht steil hinunter zur Isar, dann immer am Fluss entlang. Ziel ist Thalkirchen oder – wenn die Füße noch mitmachen – die Wittelsbacherbrücke. Erst einsam und wildreich, wird es zur Stadt hin immer lebhafter. Tipp: Frühmorgens ist die Tour am schönsten. Dauer: ca. drei bis vier Stunden.

Isar Richtung Süden
Startpunkt: U3, Brudermühlstraße.
Die Brudermühlbrücke empfiehlt sich als Ausgangspunkt, wenn Sie von München aus nach Grünwald oder weiter marschieren möchten. Anfangs werden Ihnen noch viele Hunde begegnen. Doch je weiter Sie die Stadt hinter sich lassen, umso stiller wird es. Tipp: Mit einem sportlichen Vierbeiner lassen sich an der Isar entlang auch herrliche Radausflüge unternehmen.

Luitpoldpark
Tramlinie 12 und U2, U3, Scheidplatz.
Eine willkommene Frischluftoase im Herzen der Stadt ist der Luitpoldpark zwischen Schwabing und dem Olympiagelände. Auf rund 33 ha Gesamtfläche finden Sie jede Menge Abwechslung für sich und Ihren Hund: schattige Linden und Kastanien, gepflegte Rosenbeete, einen Obelisken und Denkmäler, einen Irrgarten, eine kleine Schrebergartenkolonie und das gepflegte »Bamberger Haus« mit Biergarten. Wer gerne mit Gleichgesinnten ins Gespräch kommt, sollte die Grünfläche an der Rodelbahn unterhalb des Schuttbergs ansteuern: Hier treffen Sie fast

FREI & ZEIT

immer Hundebesitzer und ihre vierbeinigen Freunde.

Nördliche Isarauen
Startpunkt: z.B. U6, Studentenstadt.
Nördlich des Englischen Gartens beginnen die Isarauen. Wenn Ihr Hund sich gerne bewegt und viel Auslauf braucht, können Sie nach Lust und Laune bis nach Freising wandern. Nach einigen Kilometern treffen Sie auch nicht mehr auf allzu viele Hunde und Halter.

🐾 Nymphenburger Park/ Schlosspark Nymphenburg
Auffahrtsallee. Tramlinie 12, Bus 41, Schloss Nymphenburg. Parkmöglichkeit: vor dem Schloss.
Kaum ein anderer Platz in München ist so vielseitig wie der Nymphenburger Park. Ihr Hund wird sich eher für die Schwäne und Wiesen interessieren, doch Sie selbst können nostalgisch in längst vergangenen Zeiten schwelgen, am majestätischen Schloss entlangschlendern und die Wasserspiele beobachten. Zu bewundern gibt es auch die perfekt gestaltete Gartenanlage, kleine Lustschlösschen oder ganz einfach die Natur, die rund ums Schloss grünt und blüht. Der beliebte Park ist im Sommer und an den Wochenenden ziemlich überlaufen. Bitte beachten Sie: Ihr Hund muss immer angeleint bleiben und darf die Wege nicht verlassen.

🐾 Olympiapark
U2, U3, Olympiazentrum. Parkmöglichkeit: z.B. Ackermannstraße.
In diesem Park pulsiert das Leben. Wenn Sie und Ihr vierbeiniger Freund sich an Menschenmassen nicht stören, sind Sie im Olympiapark an der richtigen Adresse – im Sommer wie im Winter. Im Frühjahr führen die zutraulichen Enten ihren Nachwuchs über die Wiesen und lassen sich selbst von herumtollenden Vierbeinern nicht stören. Die hügelige Anlage verleitet viele Hunde, meist im Rudel, nach Lust und Laune zu spielen und zu toben. Nehmen Sie am besten Trinkwasser für Ihren Hund mit, damit er seinen Durst nicht mit dem ungenießbaren Wasser des Olympiasees löscht. Auch zum Baden ist der See nicht geeignet. Anleinen müssen Sie Ihren Hund im Olympiapark übrigens nicht.

Ostpark
U2, U5, Michaelibad. Parkmöglichkeit: z.B. Feichtstraße.
Inmitten der hügeligen Landschaft des Ostparks liegt ein See mit einer großen Insel. Wasser

FREI & ZEIT

liebende Hunde können sich hier richtig austoben. Die breiten, asphaltierten Wege sind wie geschaffen für das Lieblingsspiel vieler Hunde – »Stöckchenwerfen«. Im Park herrscht keine Leinenpflicht. Allerdings schränken zahlreiche grüne Pfosten (siehe S. 87) den Auslauf Ihres vierbeinigen Freundes ein wenig ein.

Pasing
Parkmöglichkeit: Silberdistelstraße. Parkbesucher starten am Sackgassen-Ende, Waldbesucher am Anfang der Straße.
Dieser Park hinter dem Westbad entpuppt sich als eine kleine Oase mit großen Wiesen. Hier tummeln sich freundliche Vierbeiner – und deren Herrchen. Inmitten des Parks steht im Schatten der Bäume eine kleine Sitzgruppe: ein beliebter Treffpunkt für Hundebesitzer. Während die Hunde spielen, finden Sie immer einen netten Gesprächspartner. Braucht Ihr Hund mehr Auslauf, wandern Sie einfach die Felder entlang Richtung Blumenauer Straße, überqueren sie und spazieren den Schlagweg entlang bis zum Lochhamer Schlag.

Pasinger Stadtpark
Parkmöglichkeit: »Am Wasserbogen«.
Durch den Park fließt die Würm und im südlichen Teil wurde ein kleiner See angelegt: Badespaß für jeden Vierbeiner. An heißen Sommertagen gibt es nichts Schöneres für Ihren Hund, als im Pasinger Stadtpark herumzutollen. Wie an der Isar ist es ratsam, bei großer Hitze die Lokalnachrichten zu hören, damit Sie wissen, ob an der Würm Verschmutzungsalarm besteht, sprich: ob sich Ihr Hund gefahrlos in die Fluten stürzen kann. Sowohl auf den Wiesen als auch am See versammeln sich immer einige Halter, die ihre vierbeinigen Freunde miteinander spielen lassen. Bei Regen ist der Park wie leer gefegt; wenn Sie also die Wiesen für sich allein genießen möchten, ist ein grauer Tag ideal. Hunde sind im Pasinger Stadtpark allerdings an die Leine zu nehmen.

Rangierbahnhof
Parkmöglichkeit: z.B. Feldmochinger Straße.
Entlang des Rangierbahnhofs führt ein schöner Weg, den ein gehorsamer Hund auch frei laufend genießen kann. Unberechenbare Tiere sollten besser an der Leine geführt werden – zum Schutz der Kaninchen und Fasane, die häufig den Weg kreuzen. Außerdem können für neugierige Vierbeiner, die sich alles ansehen wollen und nicht immer auf den Wegen bleiben, die ungesicherten Bahngleise und die Hauptstraße hinter der Böschung gefährlich werden. Hunde und ihre Besitzer wissen diesen wunderschönen Gassiweg trotzdem zu schätzen. Nach Regenfällen kann ihr Hund hier zum Beispiel in einigen größeren Pfützen baden.

FREI & ZEIT

EIN LECKERBISSEN WECKT NEUE KRÄFTE

Südpark
Parkmöglichkeit: Inninger Straße.
Sportvergnügen für Mensch und Hund – im Südpark, auch Sendlinger Wald genannt, ist das jederzeit möglich. Auf einem kleinen Trimm-dich-Pfad können Sie sich und Ihren Hund spielerisch fit halten. Hier herrscht eine eher ruhige und gemütliche Atmosphäre. Meist ist es kein Problem, mit anderen Hundebesitzern ins Gespräch zu kommen, während Ihr Hund leicht einen Spielgefährten findet. Allerdings ist der Park relativ klein und wird »Langstreckenläufer« auf Dauer nicht befriedigen. Dafür gibt es viele Sitzbänke, auf denen Sie einmal eine kleine Pause einlegen können. Ihren Hund müssen Sie hier nicht an die Leine nehmen.

FREI & ZEIT

Tierpark Hellabrunn
Tierparkstr. 30, 81543 München, Tel. 089-625 08-0, Anfahrt über Thalkirchen. Parkplätze vorhanden. U3, Thalkirchen.
Wenn Sie sich im Münchner Tierpark einen schönen Tag machen möchten, muss Ihr Hund nicht zu Hause bleiben. Im Gegenteil, er darf Sie sogar kostenlos begleiten, wenn er an der kurzen Leine bleibt. Langweilig wird es ihm hier bestimmt nicht, denn es gibt zahlreiche exotische und einheimische Tiere im Freigelände zu beobachten. In Häuser, wie das Elefantenhaus oder das Raubtierhaus, dürfen Hunde nicht mit hinein. Es empfiehlt sich deshalb, eine Begleitperson in den Tierpark mitzunehmen, die den Hund während Ihrer Besichtigung unter ihre Fittiche nimmt. Besonders die Großvoliere mit einer Vielzahl von unterschiedlichen Vögeln ist einen Besuch wert. Ein kleiner Tipp: Führen Sie Ihren Hund nicht zu nah zu den Raubtieren. Die meisten Hunde haben instinktiv Angst vor ihnen.

Walderlebniszentrum Grünwald
Sauschütt, 82031 Grünwald, 089-649 20 99, Straße von Grünwald in Richtung Bad Tölz. S7 bis Höllriegelskreuth oder Tram 25 bis Berbolfingerplatz, dann Bus bis Grünwald-Waldfriedhof.

»JETZT BRAUCHEN WIR EINE PAUSE!«

FREI & ZEIT

Möchten Sie und Ihr Hund den Wald mit allen Sinnen erleben? Rund ums Walderlebniszentrum haben Sie Gelegenheit, die Natur näher kennen zu lernen. Auch Kinder sind von dem »Wald zum Anfassen« begeistert. Gute zwei Stunden sollten Sie für den Besuch des Zentrums und des schönen, knapp drei Kilometer langen Erlebnispfads einplanen. Zu Beginn des Lehrpfads geht's durch ein Wildschweingehege. Zumindest dort sollten Sie Ihren Vierbeiner anleinen. Im Anschluss können Sie den Wald dann noch auf eigene Faust erkunden.

Westpark
S7, Heimeranplatz, U3, U6, Westpark. Parkmöglichkeit: Westendstraße u. Siegenburger Straße.
Ein Spaziergang nach »Klein-Asien«? Im Westpark ist das möglich. Denn so wird der Teil des Parks genannt, in dem sich der Chinesische Garten und die »Nepal-Pagode« befinden. Im Frühjahr, wenn Schwäne, Kanadagänse und andere Vogelarten ihre Jungen aufziehen, ist das ehemalige Gelände der Internationalen Gartenbauausstellung besonders reizvoll. Aber Vorsicht: Das im östlichen Teil des Parks heimische Schwanenpaar ist, vor allem, wenn es Junge im Schlepptau hat, Hunden nicht wohlgesonnen. Machen Sie besser einen großzügigen Bogen um diese Familie! Die Seen im Park sind wegen zu starker Verschmutzung nicht für ein Hundebad geeignet. Frei laufende Hunde werden im Park nicht gerne gesehen. Achtung, Leinenpflicht!

Verein

Verein Basco
Carl-Orff-Bogen 183, 80939 München, Tel. 089-311 44 89, Fax 089-37 15 95 11, Herr und Frau Cordova.
Dass Hundebesitzer mit Ihrem Vierbeiner in München auch auf Vereinsebene Ausflüge unternehmen können, beweist der Verein Basco. Darüber hinaus bietet der rasse- und zuchtunabhängige Verein auch bei Hunderennen, Fachvorträgen und Seminaren gute Möglichkeiten, andere Hunde und Besitzer kennen zu lernen – bei so genannten »Hundler-Abenden«. Außerdem zählen Hundesportereignisse wie beispielsweise Begleithund-Wettkämpfe oder Kurse für das Erlernen von Fährtensuch-Arbeit mit dem Hund zum Programm. Der Jahresbeitrag beträgt € 35,80, aber auch ohne Mitgliedschaft können Hundefans mit ihrem Schützling im Verein eine Begleithundeprüfung ablegen.

Erziehung & Sport

SCHON FÜR WELPEN WICHTIG: RICHTIGE ERZIEHUNG

ERZIEHUNG & SPORT – TOP IN FORM IM TEAM

Um die Erziehung seines Vierbeiners kommt keiner herum, wenn das Zusammenleben zwischen Mensch und Hund in der Familie und im weiteren Umfeld funktionieren soll. Dem Menschen als »Rudelführer« kommt die Aufgabe zu, dem Hund mittels Konsequenz und Geduld seinen Platz in der Familie zuzuweisen.

In den meisten Fällen ist die grundlegende Erziehung des Hundes ohne professionelle Hilfe von Hundeschulen, Klubs und Vereinen möglich. Dennoch empfiehlt es sich, vor allem für »jungfräuliche« Hundehalter, mindestens die folgenden Angebote wahrzunehmen: Welpenschule und Grundkurs für Junghunde. Denn hier lernen Hund und Halter unter fachkundiger Anleitung die Grundlagen, die für ein friedliches und sicheres Miteinander in der Stadt unbedingte Voraussetzung sind.

ERZIEHUNG & SPORT

Erziehung in der Hundeschule

Lange standen Hundeschulen für militärischen Drill und Druck. Heute ist das anders. Die meisten Hundehalter wissen, wie wichtig eine sanfte, aber konsequente Erziehung des Vierbeiners ist und wie viel mehr Freude ein gut erzogener Hund macht. Und auch die Hundeschulen und Hundesportvereine haben umgedacht. Sie bieten ein buntes, vielseitiges Programm mit gezieltem Erziehungs- und Sporttraining, das Hund und Herrchen Freude macht.

Welpenschule

Das soziale Miteinander der Hunde steht im Vordergrund. Die jungen Tiere lernen wichtige Verhaltensregeln für die Begegnung und den Umgang mit Artgenossen. Dies ist eine Voraussetzung dafür, dass sie als ausgewachsene Hunde ein intaktes Sozialverhalten an den Tag legen. Darüber hinaus wird in der Welpenschule bereits Basis-

DAS KLEINE EINMALEINS DER ERZIEHUNG

▶ Die wichtigsten Übungen, die jeder Hund in der Stadt beherrschen sollte, sind »Komm«, »Sitz«, »Platz«, »Bleib« und »Aus«. Spielerisch wird damit bereits im Welpenalter begonnen.

▶ Wichtig ist – neben einer stets ruhigen, aber bestimmten Konsequenz –, dass die Hörzeichen exklusiv eingesetzt werden. So darf zum Beispiel »Komm« nur den Befehl beinhalten, dass der Hund zu seinem Menschen kommen soll, und nichts anderes.

▶ Deutlich und klar mit dem Hund sprechen. Mit einem knappen »Komm« kann ein Tier mehr anfangen als mit einem »Na, sei lieb, komm doch mal her, du kleiner, süßer ...«. Alle erzieherischen Signale müssen für das Tier verständlich und klar einzuordnen sein.

▶ Zeigt der Hund das gewünschte Verhalten, wird er gelobt. Unerwünschtes Verhalten wird lediglich mit einem ruhigen »Nein« kommentiert.

▶ Immer mit einem Erfolg abschließen. Klappt eine Übung nach mehrmaligen Versuchen nicht, wird die Erziehungseinheit für dieses Mal mit einer Übung beendet, die der Hund schon beherrscht.

ERZIEHUNG & SPORT

arbeit für die spätere Erziehung geleistet. In der Regel geht ein Welpe ab der 10. Lebenswoche für rund sechs bis acht Wochen in die Schule, und zwar einmal wöchentlich. Im Anschluss daran kann ein Grundkurs für Junghunde belegt werden.

Basisausbildung

So genannte Grundkurse vermitteln das »Kleine Einmaleins der Hundeerziehung«, wie zum Beispiel die richtige Kommunikation mit dem Tier, gute Leinenführigkeit und Hörzeichen (Kommandos) wie »Sitz«, »Platz«, »Bleib« und »Komm«. Ein wichtiger Teil der Ausbildung ist die Gruppenarbeit, bei der die Hunde lernen, sich unabhängig von anderen Hunden ganz und gar auf ihr Herrchen zu konzentrieren, aber auch andere Hunde friedlich neben sich zu dulden. Besonders in der Stadt sollten ergänzend Übungen auf öffentlichen Straßen und im Stadtverkehr auf dem Programm stehen. Rund sechs bis acht Stunden in einem Zeitraum von ein bis zwei Monaten reichen aus. Wer möchte, kann noch länger am Ball bleiben und auf den Basisstunden aufbauend mit seinem Hund die Begleithund-Prüfung ablegen. Zu den erweiterten Anforderungen zählen hier Übungen wie zum Beispiel »Frei-bei-Fuß-Gehen« und »Ablegen des Hundes unter Ablenkung«. Kurse in der Hundeschule schaffen zwar eine hervorragende Grundlage für eine richtige Erziehung. Sie ersetzen aber längst nicht die Konsequenz im Alltag. Grundsätzlich gilt, dass das, was in der Schule gelernt wird, auch im Alltag immer wieder angewandt und geübt werden muss.

GELEHRIGER SCHÜLER

ERZIEHUNG & SPORT

FIT FOR FUN?

Wer mit seinem Hund sportlich aktiv sein will, sollte vorab in einem kurzen Gespräch mit dem Tierarzt klären, inwieweit das Tier dazu geeignet ist. Besonders bei kurzbeinigen Rassen und heranwachsenden Hunden größerer Rassen sollte man sich erkundigen, welche körperlichen Belastungen gesundheitlich bedenklich sein könnten. Also, erst einen »TÜV«-Check einlegen, dann starten!

Hundesport

Drei in einem: Erziehung, Sport und Spaß! Ganz gleich, ob Agility, Obedience, Turnier- oder Breitensport, hier geht es nicht um Pokale und Schleifen, allein der olympische Gedanke zählt: Dabei sein ist alles! Und ganz egal, ob Zwergpudel oder Dobermann, für jeden cleveren Hund – und Halter – gibt es eine passende Sportart. Ausführliche Informationen über die Möglichkeiten im Hundesport gibt der Deutsche Hundesportverband (dhv) e.V., Gustav-Sybrecht-Str. 42, 44536 Lünen, Tel. 0231-87 80 10.

Agility

Agility (engl. Behändigkeit) ist nicht nur für den Hund, sondern auch für seinen Menschen eine sportliche Herausforderung. Denn den Hindernisparcours können Vier- und Zweibeiner nur gemeinsam bewältigen – nach vorgeschriebenen Regeln und in möglichst kurzer Zeit! Während der Hund Hürden, Wippe, Tunnel und Reifen überwindet, ist sein Halter stets zur Seite. Er weist den richtigen Weg, mahnt zur Konzentration oder feuert zum Spurt an. Eine Riesengaudi für ein perfekt eingespieltes Team!

Mobility

Bei Mobility (engl. Beweglichkeit) geht es immer noch behände, aber etwas beschaulicher zu. Auch hier überwinden Hund und Herr »gemeinsam« Hindernisse, dabei ist Schnelligkeit aber kein Kriterium, sondern es geht vielmehr darum, die Aufgabe – wie langsam auch immer – zu bewältigen. Mobility ist daher für alle Hunde und Hundehalter, die es lieber etwas ruhiger angehen möchten, eine echte Alternative zu Agility.

Obedience

In England schon lange im Hundesport etabliert, in Deutschland

ERZIEHUNG & SPORT

noch weniger bekannt, aber auf dem Vormarsch: Obedience (engl. Gehorsam). Die »Hohe Schule der Unterordnung«, bereits im Jahre 1951 auf der internationalen Crufts Dog Show präsentiert, ist eine ganz besondere Herausforderung für jeden Hundefreund. Eine Sportart, bei der der Hund Kommandos seines Menschen lediglich auf Handzeichen und Gesten mit vollendeter Präzision ausführt. Obedience kommt weniger agilen und älteren Hunden und Menschen entgegen, erfordert aber hohe Konzentrationsfähigkeit sowie absolute Harmonie zwischen Hund und Herrn.

Dog-Dancing: Heelwork und Freestyle

Aus Obedience entwickelte sich eine andere Form des Hundesports: das so genannte »Dog-Dancing«. Wichtigster Unterschied zu Obedience: Hund und Herrchen trainieren mit Musik. Im Rahmen der beiden Varianten des »Tanzens mit dem Hund« – Heelwork und Freestyle – bewegen sich Hund und Mensch per Handzeichen gemeinsam im Takt – die Musik kann individuell ausgewählt werden. So entsteht eine Art Kür ähnlich dem Dressurreiten beim Pferdesport. Diese Form der Harmonie im Duett zwischen Hund und Mensch begeistert nicht nur die Zuschauer, sondern bereitet auch den beiden Partnern Freude. Hoch konzentriert und gleichzeitig entspannend – ein Sport für Perfektionisten und Feingeister.
Bei der Variante »Heelwork to music« wird Seite an Seite »getanzt«. Entscheidend ist, dass sich der Hund nicht weiter als 1,2 m von seinem zweibeinigen Tanzpartner entfernt. Bei allen Figuren bleibt der Hund entweder in Kontakt zu seinem Menschen (»heel-

AUF IN DIE BALL-SAISON

Mensch braucht eine Pause, Hund noch lange nicht? Dann ist Flyball genau das Richtige! Eine Kiste voller Power, die auf den meisten Hundeplätzen bereitsteht. Schnell hat der Hund gelernt, mit seiner Pfote auf den Hebel zu drücken, der an der Vorderseite der Kiste angebracht ist, und schon wird ein Ball in hohem Bogen herausgeschleudert. Ab, zack, hinterher und fangen. Dass da noch ein paar Hürden im Weg stehen, fällt kaum auf, die werden locker überwunden. Ein außergewöhnliches Vergnügen für clevere Hunde!

[ERZIEHUNG & SPORT

HUNDESPORT – GROSSER SPASS FÜR KLEINE HUNDE

Erziehung & Sport

position«) oder platziert sich direkt vor dem Partner (»frontposition«).
Die zweite Form des Dog-Dancing, Freestyle (auch Freestyle-Obedience genannt) beinhaltet zusätzliche Figuren und lässt mehr Freiraum zwischen Hund und Mensch. Drehungen und Sprünge sind erlaubt und Stäbe, Hüte, Tücher oder Bänder können in die Vorführung einbezogen werden.

Turniersport

Turniersport, auch Breitensport genannt, kann von Hunden aller Größen gemeistert werden und umfasst Vierkampf sowie Hindernis- und Geländelauf. Zum Vierkampf gehören Slalom-, Hürden- und Hindernislauf sowie Gehorsam, bei dem Leinenführigkeit, Sitz- und Platzübungen gezeigt werden. Auch hier läuft nicht nur der Vier-, sondern auch der Zweibeiner, ein Teil der Sprünge wird dabei sogar im Team absolviert. Es muss allerdings nicht immer gleich Vierkampf sein: Hundefans können sich auch auf den Hindernislauf als Einzeldisziplin beschränken. Beim Geländelauf als Turniersport geht es über Stock und Stein, querfeldein. Mit seinem Hund in der Natur die eigenen Grenzen kennen lernen – eine ganz besondere Herausforderung. Ein Team kann hier auch aus mehreren Personen plus Hund bestehen. So wird der Geländelauf zum Spaß für die ganze Familie.

SLALOM: MACHT SPASS UND HÄLT FIT

ERZIEHUNG & SPORT

LOS GEHT'S: HUNDETRAINING

Hundeschulen

**Artgerechte Hundeerziehung
Dr. Andrea Kleist**
Übungsgelände in München-Moosach, Götzstr. 11, 80809 München, Tel. 089-300 41 01, Frau Dr. Andrea Kleist.
Vom Klickertraining bis hin zu Welpenspielstunden: Diese Schule bietet viele Kurse an. Das Welpentraining absolvieren Hunde im Alter von 8 Wochen bis 5 Monaten (10 Std./€ 76,70). Junghund-Erziehungskurse sind für Vierbeiner ab fünf Monaten geeignet, danach gibt's Fortgeschrittenenkurse.

Begleithundeschule Astrid Cordova
Carl-Orff-Bogen 183, 80939 München, Tel. 089-311 44 89, Fax 089-37 15 95 11, Astrid Cordova, Sachverständige für Blindenführhunde und allgemeines Hundewesen.
Vom Welpenspiel und der Sozialisierung des Hundes über Seminare (z.B. »Richtige Ernährung des Hundes«) bis hin zur praxisnahen Erziehung und der Möglichkeit, eine Prüfung zum verkehrssicheren Begleithund nach VDH-Prüfungsordnung abzulegen (2 Kurse à 17 Std., je € 240,30) – das Angebot dieser Hundeschule ist breit gefächert. Die zehn Welpenspielstunden werden vom 3. bis zum 5. Lebensmonat abgehalten und kosten € 61,40. Ab dem 5. Lebensmonat ist die Teilnahme am Junghunde-Erziehungskurs möglich (10 Std./€ 179). Weitere Ausbildungsmöglichkeiten auf Anfrage.

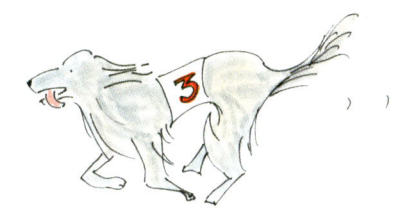

**Dog's Academy München
Dr. Astrid Schubert**
Übungsgelände im Südosten Münchens, Gebsattelstr. 28, 81541 München, Tel. 089-48 95 19 06 u. 0173-572 47 92.
Durch intensive Betreuung von Anfang an werden Besitzer und Hund hier zu einem perfekt aufeinander eingespielten Team. Erprobte Trainingsmethoden, positive Verstärkung und Motivation gehören zum Handwerkszeug der Dog's Academy. Das Angebot ist vielfältig: Agility, Klickertraining, Welpenspielstunden, Erziehungskurse, Disc-Training sowie Seminare. Spaß, nicht Drill steht an erster Stelle! Kosten für Welpenspielstunden 10 x 60 Min. € 102.

Hundefreunde Dachau e.V.
Übungsgelände in Dachau, Roßwachtstraße, 85221 Dachau, Tel. 08131-208 88.
Die Hundefreunde Dachau e.V. bieten ein reichhaltiges und empfehlenswertes Programm. Auch hier kann eine Begleithundeprüfung abgelegt werden. Außerdem im Angebot: die Hundesportarten

Erziehung & Sport

Turnierhundesport, Agility und Obedience, eine verfeinerte Form der Unterordnung. (6 Wo. Erziehungskurs: € 61,40 bei 1,5 Std./Wo.)

Hundeschule für Groß und Klein, M. u. E. Schneider
Übungsgelände in Daglfing, Tel. 08106-14 58 u. 0177-422 39 08, Herr u. Frau Schneider.
Früh übt sich, wer ein gesunder und wohlerzogener Hund werden will! Die Welpenkurse bis zum Alter von etwa acht Monaten sind deshalb besonders empfehlenswert. Im Gruppenunterricht wird Ihr Hund z.B. mit Übungen im Straßenverkehr auf das Stadtleben vorbereitet. Hundegruppensport ist bei der so genannten Dognastic, einer Gerätearbeit mit dem Hund, möglich. (10 Std. à 45 Min./ € 117,60). Bei individuellen Problemen werden auch Einzelstunden erteilt (5 Std./€ 89,50).

Soft Touch
Volkartstr. 75, 80636 München, Tel. 089-30 92 09, Fax 089-300 89 38, Frau Dr. Jones-Baade.
Click & Treat im Einzel- oder Gruppenunterricht ist die Spezialität dieser Hundeschule. Das Klickertraining konditioniert das Verhalten des Hundes durch Klick-Geräusche, verbunden mit einer Belohnung. Mit dem Training kann bereits im Welpenalter begonnen werden. Eine Welpengruppe beinhaltet sechs Stunden von jeweils 45 Minuten und kostet € 76,70. Bei Bedarf können Sie Ihren Hund auch individuell ausbilden lassen (1 Std. € 46).

Hundesport

Deutscher Hundesportverband e.V., Kreisgruppe VII im Bayerischen Landesverband
Altöttinger Str. 48, 81673 München, Tel. 089-43 80 56, Fax 089-43 84 40, Frau Mair.
Suchen Sie die richtige Hundesportart für Ihren Liebling oder einen Hundesportplatz in Ihrer Nähe? Der dhv nennt Ihnen kostenlos den passenden Hundeverein in Ihrer Region.

Landesgruppe (LG) Bayern Süd
Heubergweg 22, 82490 Farchant, Tel. 09920-35 95, Herr Lenk.
Münchens Fundgrube für Halter von Schäferhunden. Bei der LG Bayern Süd erfahren Sie, welche der zwölf Ortsgruppen des Münchner Schäferhundvereins in Ihrer Nähe liegt. Dort kann Ihr Hund an einem Erziehungskurs teilnehmen. Auch die Begleithundeprüfung (BH) oder die Prüfung nach dem Augsburger Modell

ERZIEHUNG & SPORT

AUCH DIESES HINDERNIS WIRD BEWÄLTIGT

(BH ohne Schuss) kann abgenommen werden. Neu im Programm sind Kurse zum Erwerb des VDH-Führerscheins für Hundebesitzer – auch für Nicht-Mitglieder.

SV München Riem
Johann-Karg-Str. 1, 85540 Salmdorf, Tel. 08106-85 28, Herr Filipczyk.
Die Welpen- und Junghundespielstunde des Schäferhundvereins München Riem ist eine ideale Anlaufstelle für stolze Besitzer verspielter Schäferhund-Welpen. Hier kann Ihr kleiner Hund sonntags zwischen 10 und 11 Uhr mit anderen jungen Schäferhunden um die Wette toben. Diese Ortsgruppe des SV bietet auch Agility und eine Junghundeausbildung an. Für die Begleit- und Schutzhundeausbildung müssen Sie allerdings Mitglied sein (Jahresbeitrag: € 30).

MOBIL MIT HUND

Ein Hund folgt seinem Herrn überallhin. So gesehen schränkt der Vierbeiner die Mobilität seines Herrchens in keiner Weise ein. Und die Praxis zeigt: Ein gut erzogener Hund weiß sich auf der Straße oder in Bus und Bahn oft besser zu benehmen als so mancher Zweibeiner. Mobil und flexibel mit dem Hund setzt lediglich eines voraus: dass Sicherheit und Wohlbefinden aller Verkehrsteilnehmer geachtet werden!

Gut zu Fuß

Sofern möglich, sollte ein Hund bereits in seinen Welpentagen an den Stadtverkehr gewöhnt werden. Aber auch ein älterer Hund kann durchaus noch straßensicher erzogen werden. Ab und zu mal eine Fahrt im Auto, hier und da mal ein Gang durch das bunte Treiben einer U-Bahn-Station helfen, den Hund mit den Geräuschen, Bewegungen und Eindrücken des Stadtlebens vertraut zu machen. Gewisse Regeln sollten dabei beachtet werden: Auf der Straße, in Bahnhöfen und öffentlichen Gebäuden gehört ein Hund an die Leine. Das Beste ist, den Hund konsequent daran zu

WICHTIG: DIE RICHTIGE LEINE

Geeignet sind alle Leinen aus einem reißfesten Material mit einem entsprechend stabilen Karabinerhaken. Die Stärke der Leine richtet sich nach Größe und Kraft des Hundes. Leder- und Nylonleinen sind widerstandsfähig, geschmeidig und leicht. Robuster sind Leinen mit Kettenteil, hier muss aber zumindest das hintere Ende bzw. die Schlaufe der Leine aus Leder oder Nylon gefertigt sein, sonst droht Verletzungsgefahr. Für den Straßenverkehr gänzlich ungeeignet sind so genannte Lauf-, Flexi- oder Roll-Leinen. Diese können im Wald oder in Grünanlagen mit Leinenpflicht für Hunde äußerst gute Dienste leisten. Nicht aber auf der Straße, wo der Hund hundertprozentig unter Kontrolle sein muss!

MOBIL MIT HUND

gewöhnen, immer auf der gleichen Seite des Menschen zu gehen. Idealerweise auf der linken, da man als Fußgänger auf Straßen ohne Bürgersteig entgegen der Fahrtrichtung geht. Hat man den Hund auch in so einem Fall auf der linken Seite, ist er nicht direkt dem entgegenkommenden Verkehr ausgesetzt. An jeder Bürgersteigkante muss sich das Tier hinsetzen und so lange warten, bis sein Mensch signalisiert, dass es weitergeht. Und auch dann darf der Hund nicht losstürmen, sondern muss die Straße brav »bei Fuß« überqueren. »Professionell« verkehrssicher werden Hund und Halter, indem sie einen entsprechenden Kurs in einer Hundeschule belegen.

BEQUEM AUF TOUR

Auf zwei Rädern & vier Pfoten

Kleine und kurzbeinige Rassen reisen ganz komfortabel in einem Fahrradkorb mit. Dieser sollte mit einer Decke oder einem Kissen ausgepolstert werden und vorn am Lenker, nicht hinten auf dem Gepäckträger angebracht sein. So hat man den vierbeinigen Beifahrer stets im Blick. Sicherheitshalber werden unerfahrene und besonders lebhafte Hunde mit einem Brustgeschirr im Korb angeschnallt. Dies verhindert, dass der Kleine auf die Idee kommt, große (und gefährliche!) Sprünge zu wagen. Größere Hunde haben es da weniger bequem, sie müssen laufen. Was heißt müssen – sie dürfen! Denn die meisten Hunde laufen sehr gern neben dem Fahrrad. Laut § 28 der Straßenverkehrsordnung ist es offiziell erlaubt, angeleinte Hunde am Fahrrad mitzuführen. Vorausgesetzt, die Sicherheit wird nicht gefährdet. Bevor es in den Großstadtdschungel geht, sollte daher auf ruhigeren, abgelegenen Wegen geübt werden. Zunächst schiebt man das Fahrrad und lässt den Hund an der Leine neben sich gehen. Und zwar immer rechts vom Rad, weil das Tier dann von den Autos weg sicher zwischen Rad und Bürgersteig

MOBIL MIT HUND

10 »RAD-SCHLÄGE«

1. Viele Pausen einlegen. Hund beobachten.
2. Keine zu jungen, kranken oder alten Hunde am Rad laufen lassen.
3. Laufleistung (Strecke und Tempo) langsam steigern.
4. Nie bei Hitze fahren. Der Hund hat keine Fahrtwindkühlung. In Bodennähe ist es wärmer.
5. Wasser oder ein erfrischendes Bad im Bach anbieten.
6. Nicht zu lange auf Asphalt bleiben.
7. Abgasreiche Strecken schnell verlassen.
8. Stark befahrene Radwege meiden.
9. Nicht die Leine ums Lenkrad wickeln.
10. Nie vor dem Lauf füttern.

läuft. Der Hund muss lernen, auf die Stimme seines Menschen hin langsamer zu laufen beziehungsweise stehen zu bleiben. Bald schon hat er aber kapiert, dass ein knappes »Los, leg zu« oder ein lang gezogenes »Laangsaam« ein schnelleres oder langsameres Tempo verlangt. Schließlich liegt es dem Hund im Blut, sich dem Tempo seines Rudelführers anzupassen. Grundsätzlich sollte der Hund an lockerer Leine traben können, nicht im Galopp gejagt oder gezerrt werden. Die Leine muss so gehalten werden, dass sie bei unvorhergesehenen Zwischenfällen schnell losgelassen werden kann. Wichtig ist auch, dass die Leine in der richtigen Länge gehalten wird. Einerseits muss sie so kurz gefasst werden, dass sie sich nicht in den Speichen verheddern und der Hund nicht vor das Rad laufen oder hinter dem Rad zurückbleiben kann. Andererseits soll sie so lang hingegeben werden, dass der Hund etwas Spielraum hat und nicht gewürgt wird. Wichtig: Im Straßenverkehr muss der Hund neben dem Fahrrad angeleint laufen. »Leinen los« heißt es erst auf freiem Feld!

On Tour mit Inlineskates oder Kickboard

Für all diejenigen, die auf Inlineskatern, Kickboards oder Rollern mit ihrem Vierbeiner Tempo machen möchten, gelten grundsätzlich dieselben Regeln wie beim Fahrradfahren. Bevor es losgeht, muss das rasante Vergnügen »trainiert« werden. Dies gilt hier nicht nur für den Hund, sondern ganz

MOBIL MIT HUND

besonders auch für den Hundehalter. Denn erst wenn man selbst die Kunst des Skatens und Rollerns gut beherrscht, sollte man seinen vierbeinigen Begleiter mitnehmen. Der wiederum muss zuvor gelernt haben, sich auf Herrchen und das neue Fortbewegungsmittel zu konzentrieren. Manche Hunde sind durch die ungewohnten Geräusche, die von Inlinern oder Rollern ausgehen, zunächst irritiert. Unter Umständen sogar erschreckt. Daher fährt man zunächst im gemäßigten Tempo kurze Strecken. So lange, bis der Vierbeiner verinnerlicht hat, dass kein Grund zur Beunruhigung besteht. Später dann, wenn es auf größere Tour geht, ist es wichtig, darauf zu achten, dass der Hund nicht über längere Distanzen ausschließlich auf hartem Untergrund laufen muss. Ideal ist es, wenn sich harte und weiche Böden abwechseln. Da Skater und Kickboarder asphaltierte Wege bevorzugen, empfiehlt es sich, nach Strecken zu suchen, die beiderlei Bedürfnissen entgegenkommen, auf denen also zum Beispiel ein asphaltierter Weg von Grünstreifen oder Wiesen flankiert wird.

Mobil im Auto

Für viele Stadthunde ist das Auto ein zweites Zuhause. Ein vertrauter Raum mit bekannten Gerüchen und der Garantie, dass Herrchen immer zurückkommt. Auch das Warten im Wagen ist für die meisten Hunde lässige Routine.

WETTRENNEN AUF VIER PFOTEN UND ACHT ROLLEN

Mobil mit Hund]

KEIN PROBLEM: HUND AUF GROSSER AUTO-TOUR

MOBIL MIT HUND

Damit die Autofahrt mit Hund vergnüglich bleibt, sollten folgende Regeln beachtet werden: Der Hund darf nicht so platziert werden, dass er den Fahrer ablenkt oder bei einer Bremsung nach vorne fliegen kann. Viele Hunde liegen gern im Fußraum vor dem Beifahrersitz. Dies ist allerdings nur sicher, wenn der Hund verlässlich auf seinem Platz bleibt und nicht während der Fahrt auf den Sitz oder sogar auf Herrchens Schoß springt. Wird der Hund im hinteren Bereich des Wagens transportiert, sollte eine Sicherung vorgenommen werden. Dafür gibt es mehrere Möglichkeiten: eine Transportkiste, die auf der Rückbank oder im offenen Kofferraum befestigt wird, ein Brustgeschirr für den Hund, das auf dem Rücksitz mit den gängigen Sicherheitsgurt verbunden wird oder ein Sicherheitsgitter oder -netz, das den gesamten Rückraum bzw. den offenen Kofferraum vom Personenbereich abtrennt. Für welches System man sich letztendlich entscheidet, hängt von Hundegröße und Wagentyp ab. Im Auto ist stets für frische Luft zu sorgen, ohne dass dabei Zugluft entsteht. Falls der Hund öfter im Auto wartet, sind im Zoofachhandel spezielle Gitter erhältlich. Diese können fest in ein geöffnetes Autofenster ge-

HUNDMOBIL – EXTRA-INFOS ZUR AUTOFAHRT MIT HUND

Weitere wichtige Informationen zu der Autofahrt mit dem Hund bietet die Broschüre »Hundmobil«, herausgegeben von Pedigree in Zusammenarbeit mit den Zeitschriften »ADACmotorwelt« und »Partner Hund«. Von der Sicherheit im Auto über ausführliche Ratschläge für längere Reisen, Tipps für Stopps und Staus bis hin zur Notfallhilfe bei Pannen und Unfällen – der kompetente Ratgeber lässt keine Frage offen. Vervollständigt durch nützliche Adressen in In- und Ausland sowie Hinweise auf gesetzliche Regelungen. Die umfangreiche Broschüre »Hundmobil« kann kostenlos angefordert werden über die Pedigree-Hotline: Tel. 01805-33 45 45 (€ 0,12/Min., Stand 07/2001).

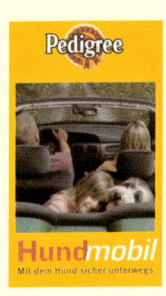

Mobil mit Hund

klemmt werden und sorgen so bei verschlossenem Wagen für Frischluft. Bei Kälte oder Hitze darf ein Hund niemals längere Zeit allein im geparkten Wagen bleiben. Im Sommer gehören bei längeren Fahrten oder Aufenthalten unbedingt Wasservorrat und Trinknapf ins Gepäck. Der Hund darf nicht einfach ein- und aussteigen, wie er will. Erst auf ein bestimmtes Hörzeichen wie zum Beispiel »Hopp«. Vor dem Aussteigen sollte er immer angeleint werden. Nach dem Aussteigen muss er sich erst setzen und warten, bis Herrchen oder Frauchen das Zeichen »Weiter geht's« gibt.

ZU DRITT IN DEN URLAUB

GEHT'S ENDLICH LOS?

Fahrt im Taxi

In einigen Städten gibt es spezielle Tier-Taxis, aber auch in vielen normalen Taxis sind Hunde gern gesehene Fahrgäste. Wer ein Taxi bestellt, fragt einfach gezielt nach einem Wagen mit Hundeerlaubnis. Auch spontan sind viele Fahrer bereit, einen Vierbeiner mitzunehmen. Damit die Fahrt im Taxi eine saubere Sache bleibt, sollte man eine kleine Decke oder ein Handtuch dabeihaben, um die Sitze zu schützen.

Hund in Bus & Bahn

Die Fahrerlaubnis für Hunde in öffentlichen Verkehrsmitteln gilt bundesweit. In einigen Städten fahren Hunde in Bussen und Bahnen kostenlos, in anderen zahlen sie den halben, manchmal auch den vollen Fahrpreis. Bei der Deutschen Bahn AG gilt folgende Regelung: Kleine Hunde, die in eine Transporttasche passen, reisen umsonst, für größere Hunde muss eine Kinderfahrkarte gelöst werden. Erfreulicherweise gelten auch hier Tarif-Ermäßigungen wie der Super-Spar-Preis. Allerdings transportiert die Bahn bestimmte Hunderassen nicht mehr (detaillierte Infos: Service-Telefon der Deutschen Bahn AG 01805-99 66 33, € 0,12/Min.). Vor Antritt der Fahrt muss der Hund ausreichend Gelegenheit bekommen, sein Geschäft zu erledigen. Selbstverständlich werden Hunde in öffentlichen Verkehrsmitteln und auf Bahnhöfen an der Leine geführt. Wichtig ist, dass sich kein Fahrgast belästigt oder gestört fühlt.

URLAUB MIT HUND

Falls die Reise nicht gerade auf die andere Seite der Weltkugel oder in ein Land mit strikten Quarantänebestimmungen geht, spricht nichts gegen Ferien mit dem Vierbeiner. Um dem Hund das Eingewöhnen in die fremde Umgebung zu erleichtern, gehören wenigstens seine Decke, sein Fress- und Trinknapf und das gewohnte Futter, sofern es am Urlaubsort nicht zu kaufen ist, ins Reisegepäck. Wichtig zu wissen: Bei Reisen ins Ausland gelten unterschiedliche Einreisebestimmungen für Hunde. Gefordert werden je nach Land bestimmte Impfungen und Atteste. Auskünfte über den aktuellen Stand erteilen hier die Botschaften und Konsulate der entsprechenden Länder, aber auch Tierärzte. Um pünktlich alle Unterlagen zusammenzuhaben, sollte man sich frühzeitig darum bemühen. Spezielle Empfehlungen und Angebote für einen »hundefreundlichen« Urlaub bekommen Hundehalter in Reisebüros. Tipps rund um Ferien mit dem Hund gibt außerdem der Ratgeber »Tier & Urlaub«, der kostenlos beim Deutschen Tierschutzbund e.V., Baumschulallee 15, 53115 Bonn angefordert werden kann. Die »Plus-Mitgliedschaft«, die vom ADAC für € 33,20 pro Jahr angeboten wird, garantiert, dass bei einem Unfall auch der Vierbeiner sicher nach Hause zurücktransportiert wird.

Mobil mit Hund

AUS DER STADT IN DIE NATUR: OUTDOOR-TOUREN MIT DEM HUND

Für Städter mit Hund genau das Richtige: Outdoor-Urlaub. Ganz gleich, ob Bergsteigen, Wandern oder mit dem Fahrrad über Stock und Stein – das Erlebnis Natur tut beiden gut, Mensch und Vierbeiner. Zum Wohle des Tieres empfiehlt es sich, für die Aktiv-Tour Reiseziele mit gemäßigtem Klima zu wählen. Wer auf Nummer sicher gehen will, kann Reiseroute, Campingplätze und Unterkünfte frühzeitig nach »Hundefreundlichkeit« auswählen und Übernachtungen im Voraus buchen. Im Reisebüro ist man gern dabei behilflich. Hier gibt es sogar Extra-Angebote von Veranstaltern, die sich auf »Mensch-mit-Hund-Touren« spezialisiert haben.

Ist geplant, auf der gemeinsamen Reise ungewohnten körperlichen Aktivitäten nachzugehen, empfiehlt es sich, vorbereitend einige Wochen zu trainieren und sich in »erster Hilfe« für Mensch und Hund schlau zu machen. So können Zwei- und Vierbeiner fit und unbesorgt in ihr Abenteuer starten. Schon gewusst? In speziellen Packtaschen kann hund auf Trecking-Touren seine Ausrüstung und das Futter selbst tragen.

Weitere Informationen und praktische Tipps für den Outdoor-Urlaub mit dem Hund gibt es im Reisebüro und im Internet, zum Beispiel bei Flughund Reisen, Gutenbergstr. 1, 70771 L.-Echterdingen, Tel. 0711-794 44 55, Fax 0711-794 44 56, www.urlaub-mit-dem-hund.de.

MOBIL MIT HUND

UNTERWEGS IN MÜNCHEN

Öffentliche Verkehrsmittel

MVV, Münchner Verkehrs- und Tarifverbund
Thierschstr. 2, 80538 München, Tel. 210 33-0.
Sehr hundefreundlich: Ein Vierbeiner fährt in Bussen, U-, S- und Trambahnen kostenlos mit. Für jeden weiteren Hund müssen Sie eine Kinderfahrkarte lösen. Es besteht allerdings Leinenpflicht.

Tiertaxi

Rikschamobil
Gabrielenstr. 2, 80636 München, Tel. 089-129 48 08 u. 0171-287 30 32, Fax 089-12 79 91 92.
Auf den Straßen Münchens sind die originellen Rikschas längst keine Seltenheit mehr. Eine witzige Beförderungsart, die auch Hunden und deren Besitzern offen steht. Der Standplatz der Radltaxis ist am Marienplatz, aber besonders mit Hund ist es sicherer, telefonisch zu buchen. Dann können Sie abklären, ob Ihr Hund nicht zu groß oder zu schwer für eine Rikschafahrt ist. Überraschen Sie Ihre Freunde doch mal mit einem Geschenkgutschein. Mitgenommen werden zwei Personen plus Hund, gefahren wird das ganze Jahr über. Vorab gebuchte Sonderfahrten kosten € 58,80 pro Rikscha und Stunde. Einzelheiten erfahren Sie beim Rikschamobil.

Taxizentrale
Tel. 089-216 10 u. 194 10.
Auch Ihr Hund freut sich gelegentlich über einen Hauch von Luxus. In den Münchner Taxis dürfen Sie Ihren Vierbeiner mitnehmen. Voraussetzung ist natürlich, dass er stubenrein und sauber ist. Ein Tipp: Um zu verhindern, dass sich ein Fahrer über den zotteligen Mitreisenden beschwert, weisen Sie bei der Bestellung auf Ihren Hund hin. Die Telefonnummern einzelner Taxistände finden Sie im örtlichen Telefonbuch.

Fahrradtouren

Allgemeiner Deutscher Fahrradclub (ADFC)
Landwehrstr. 16, 80336 München, Tel. 089-55 35 75.
Der ADFC ist der richtige Ansprechpartner für aktive Hundebesitzer. Denn die Spezialisten in der Münchner Filiale des ADFC kennen sich bestens in Sachen Radtouren in der Region aus. Auf Nachfrage können Sie hier u.a. erfahren, ob die Trips auf dem Drahtesel an Gewässern vorbeiführen, in denen sich die Vierbeiner erfrischen können.

Futterhäus'l
Murnauer Str. 265, 81379 München, Tel. 089-78 58 79 73.
Ist Ihr Hund zu klein oder nicht sportlich genug, um Sie laufend neben dem Fahrrad zu begleiten? Im Futterhäus'l können Sie Anhänger und Fahrradkörbe kaufen.

MOBIL MIT HUND

Darin kann Ihr Vierbeiner gemütlich sitzen und die Schnauze in den Wind halten, während Sie sich sportlich betätigen. So steht Ihren Ausflügen mit Hund und Drahtesel nichts mehr im Weg ...

Hunde in der Loipe

Langlaufloipen
Sobald im Winter in München genug Schnee liegt, gibt's im Pasinger Stadtpark und im Forstenrieder Park gespurte Langlaufloipen. Sie können Ihren Vierbeiner beim Skifahren problemlos mitnehmen. Er wird es garantiert genießen, sich im Wettrennen mit Ihren zwei riesenlangen »Füßen« zu messen!

▶ *Pasinger Stadtpark: Parkmöglichkeit »Am Wasserbogen«.*

▶ *Forstenrieder Park: Parkplatz abgehend von der alten Olympiastraße, Landstraße nach Starnberg.*

Reisen mit Hund

Allgemeiner Deutscher Automobilclub (ADAC)
Am Westpark 8, 81373 München, Tel. 089-76 76-0, Service-Tel. 01805-10 11 12, www.adac.de.
Bevor Sie mit Ihrem Vierbeiner per Auto in die Ferien starten, sollten Sie beim ADAC vorbeischauen. Dort berät man Sie ausführlich, wie Ihr Hund sicher im Auto mitfährt und informiert Sie über Einreisebestimmungen für Hunde in andere Länder. Diese Regelungen sind in Broschüren nachzulesen, die der ADAC kostenlos für Mitglieder bereithält.

MIT FAHRRAD UND VIERBEINER UNTERWEGS

[Gut versorgt

BESTE FREUNDE – IMMER FÜREINANDER DA

GUT VERSORGT

Ganz gleich, ob es darum geht, den Hund täglich für ein paar Stunden oder während eines Urlaubs gut versorgt zu wissen: Eine Lösung gibt es immer. Meist lassen sich in der Familie oder im Bekanntenkreis begeisterte Sitter finden, die den Hund kennen und mögen, manchmal lässt es sich jedoch nicht vermeiden, auf professionelle Betreuung zurückzugreifen.

Betreuung im Alltag

Berufstätige, die ihren Hund nicht mit zur Arbeit nehmen können oder hin und wieder Außentermine haben, müssen deswegen nicht auf einen vierbeinigen Hausgenossen verzichten. Sie müssen sich nur darum kümmern, dass das Tier während ihrer Abwesenheit gut versorgt ist. Länger als vier bis fünf Stunden sollte ein Hund nicht allein zu Hause sein. In unvorhersehbaren Fällen lässt sich fast immer spontan jemand finden, der bereit ist, den Hund mittags kurz um den Block zu führen. Auf Dauer ist es aber besser, den Hund einer Person oder einer Einrichtung anzuvertrauen,

GUT VERSORGT

HUND UND SITTER AUF BESCHNUPPER-KURS

Um den Hund an eine neue Bezugsperson zu gewöhnen, ist es sinnvoll, etwas zu dritt zu unternehmen: Herrchen, Hund und Sitter machen zunächst ein oder zwei gemeinsame Spaziergänge und verbringen am besten etwas Zeit in der Wohnung des Sitters. Dabei sollte dem Hund keine überdurchschnittliche Aufmerksamkeit gewidmet werden. Man verhält sich so, als sei nichts Besonderes im Gange. Und auch später heißt es »cool bleiben«! Der Hund wird einfach abgeliefert, ohne großen Abschied. Beim Wiedersehen sollten überschwängliche Begrüßungsrituale vermieden werden. Je selbstverständlicher mit der Situation umgegangen wird, desto normaler wird sie auch für den Hund.

die mehr erledigt als nur das »bloße Geschäft«. Zu finden sind solche Hundesitter und -pensionen über Annoncen in der Zeitung, über Aushänge im Supermarkt oder beim Tierarzt, vor allem aber über Empfehlungen. Denn nirgendwo erfährt man so zuverlässig aus erster Hand, was in der Hundeszene los ist und angeboten wird, wie in Gesprächen mit anderen Hundehaltern. Vielleicht wissen aber auch der Tierarzt oder seine Helferin, der Tierschutzverein oder der ortsansässige Hundeklub einen geeigneten Sitter. Fragen kostet nichts. Die Kosten für die Betreuung sind unterschiedlich. In einer Pension werden meist rund € 10,20-15,30 pro Tag angesetzt. Als regelmäßiger Gast kann man allerdings auf einen »Mengenrabatt« hoffen. Privat ist die Bezahlung reine Verhandlungssache.

Betreuung im Urlaub

Meist nehmen Hundehalter ihren Hund ohnehin mit in die Ferien, manchmal allerdings lässt sich eine gewünschte Reise mit Hund nicht verwirklichen oder es steht einem einfach mal der Sinn nach ein paar hundefreien Tagen. Grundsätzlich können einige Betreuungsangebote für den Alltag dann ebenfalls genutzt werden. Darüber hinaus gibt es aber noch weitere Lösungen, die für den Alltag nicht praktikabel sind,

[Gut versorgt

wohl aber für die Ferienzeit. So sind selbst Freunde und Verwandte, die für eine dauerhafte Betreuung keine Zeit haben, meist gern bereit, den Hund über einen abgesteckten Zeitraum zu versorgen. Auch die Lösung, das Tier in einer zuverlässigen Tierpension unterzubringen, liegt dann näher als im Alltag, da für den längeren Betreuungszeitraum auch Einrichtungen infrage kommen, die weiter vom Wohnort entfernt liegen. Viele Züchter bieten an, Tiere aus eigener Zucht später über die Urlaubszeit aufzunehmen. Wer seinen Hund beim Züchter gekauft hat, sollte also nachfragen.

Einen bundesweiten Service zum Thema »Tier & Urlaub« bietet auch der Deutsche Tierschutzbund e.V. Zum einen vermittelt er über die örtlichen Tierschutzvereine »Patenschaften«, zum anderen organisiert er mit Unterstützung eines großen Tiernahrungsherstellers die Aktion »Nimmst du mein Tier, nehm' ich dein Tier«. Hier übernehmen Tierhalter die Betreuung ihrer Tiere auf Gegenseitigkeit. Informationen dazu gibt es beim Deutschen Tierschutzbund e.V., Baumschulallee 15, 53115 Bonn, Tel. 0228-604 96 27 oder direkt beim örtlichen Tierheim.

PENSION ODER PRIVAT?

Welche Art der Betreuung für einen Hund geeignet ist, kann nur der Halter selbst entscheiden. Trotz aller Empfehlungen sollte er sich persönlich vor Ort, im Gespräch mit den Betreuern vergewissern, dass sein Tier individuell passend versorgt sein wird. Ein Hund, der innige Schmusestunden mit seinem Menschen mehr genießt als stundenlanges Herumtollen mit Artgenossen, ist in privaten Händen vielleicht besser untergebracht. Für temperamentvolle Naturburschen ist die Ideallösung dagegen eine Pension, in der die Hunde viel im Rudel draußen sind. Ein Vorteil professioneller Betreuung ist, dass diese meist auch kurzfristig in Anspruch genommen werden kann. Bei Privatpersonen ist davon nicht immer auszugehen. Grundsätzlich ist es für einen Hund besser, nicht mal hier, mal da, sondern in einem konstanten Umfeld von immer der gleichen Person betreut zu werden – mit der Gewissheit: »Das kenn ich schon, Herrchen kehrt wieder zurück, so wie sonst auch immer!«

Gut versorgt

SO GEHT'S GUT

▶ Der Hund sollte Gelegenheit bekommen, sich an seine neue Heimat auf Zeit zu gewöhnen. Am leichtesten geht das, wenn der Hund vor dem ersten längeren Aufenthalt bereits ein bis zwei Probe-Wochenenden dort verbracht hat.

▶ Frühzeitig anmelden und rechtzeitig erfragen, welche tierärztlichen Atteste verlangt werden. In der Regel reicht ein gültiger Impfpass. Falls der Impfschutz nicht komplett ist, müssen entsprechende Impfungen durch den Tierarzt beizeiten vorgenommen werden. Mindestens jedoch sechs Wochen vor Beginn des Aufenthalts, da es einige Zeit dauert, bis sich der Impfschutz voll ausbildet.

▶ Wird ein Hund privat betreut, sollten ihm einige vertraute Gegenstände mitgegeben werden. Die Lieblingsdecke, Spielzeug oder ein getragenes Kleidungsstück seines Menschen. Auch in der Tierpension sollte die eigene Decke dabei sein. Auf eigenes Spielzeug sollte lieber verzichtet werden, um Streiterein zu vermeiden.

▶ Damit es nicht aufgrund einer plötzlichen Futterumstellung zu Verdauungsstörungen kommt, sollte der Hund weiter sein gewohntes Futter bekommen. Am besten vorher absprechen, ob ein ausreichender Vorrat mitgebracht werden soll.

▶ Für Notfälle muss unbedingt eine Telefonnummer hinterlassen werden, unter der man im Urlaub erreichbar ist. Oder die Nummer eines autorisierten Ansprechpartners, der in Vertretung erreicht werden kann. Wichtig ist auch die Telefonnummer des Tierarztes, der den Hund normalerweise behandelt.

▶ Sollte ein Hund regelmäßig Medikamente benötigen, so ist der Betreuer davon schriftlich zu unterrichten. Genau aufschreiben, woran der Hund leidet, welche Medikamente wann und wie zu verabreichen sind, welche Anzeichen auf eine Verschlechterung des Gesundheitszustandes hindeuten und bei welchen Symptomen dringend der Tierarzt hinzugezogen werden muss. Nicht vergessen, einen ausreichenden Medikamentenvorrat mitzugeben.

Gut versorgt

Möglich ist es auch, zwei Fliegen mit einer Klappe zu schlagen: mittels Haushüter-Agenturen, die neben dem Hüten des Hauses bzw. der Wohnung den Hund versorgen. Man sollte aber vorher genau prüfen, ob hier wirklich auf die Bedürfnisse des Tieres eingegangen wird. Solch ein Full-Service inklusive Tierpflege, Blumen gießen und Postkasten leeren ist nicht ganz preiswert, die Kosten betragen ab € 40,90 pro Tag.

Die richtige Pension

Wer seinen Vierbeiner in einer Pension unterbringen möchte, sollte darauf achten, dass die Räumlichkeiten in Ordnung sind, der Sitter sympathisch ist, einen zuverlässigen und freundlichen Eindruck macht. Wichtig ist, dass man die Pension mit dem Gefühl verlässt, der vierbeinige Liebling sei dort bestens aufgehoben.

Die Boxen für die Hunde sollten hell, sauber, nicht zu klein und witterungsgeschützt sein. Ideal ist es, wenn die Hunde zu zweit oder zu mehreren untergebracht sind, im Bedarfsfall aber auch einzeln eingestellt werden können. Ein Muss in jeder guten Pension: eine Quarantäne-Box, in der ein plötzlich erkranktes Tier individuell gepflegt werden kann.

Viele Kothaufen in den Zwingern oder auf dem Gelände sind kein gutes Zeugnis. Auch wenn nicht jeder Haufen innerhalb der nächsten Minute weggeräumt werden kann, tagelang herumliegen darf er nicht. Insgesamt muss eine Pension zwar nicht klinisch rein, aber sauber und ordentlich sein. Gammelige Futternäpfe und verdreckte Schlafplätze sind hygienisch nicht vertretbar.

Die Hunde müssen ausreichend Auslauf bekommen. Ein paar Quadratmeter Freigehege zur freien Verfügung sind zwar wünschenswert, ersetzen aber nicht einen längeren Spaziergang oder ausgiebiges Herumtollen mit Artgenossen auf einer großen Wiese. Den Hunden sollte möglichst viel Kontakt zu anderen Vierbeinern ermöglicht werden. Ebenso ist die menschliche Nähe wichtig. Jeder Hund sollte täglich ca. 15 Minuten von einer Betreuungsperson ausgeführt, gestreichelt oder gepflegt werden. Auch eine Spielstunde mit Mensch und mehreren Hunden vermittelt dem Hund ein gutes Gefühl.

Wird neben dem obligatorischen Impfpass auch der Nachweis einer Haftpflichtversicherung verlangt, so zeugt das von Verantwortungsbewusstsein. Die meisten Profi-Betreuer schließen aber von sich aus eine Versicherung für die zu betreuenden Hunde ab.

Gut versorgt

GUT AUFGEHOBEN IN MÜNCHEN

Tierschutzbund

Tierschutzverein München e.V.
Riemer Str. 270, 81829 München, Tel. 089-921 00 00 (Zentrale).
Alljährlich startet der Deutsche Tierschutzbund seine Urlaubsvermittlung »Nimmst du mein Tier, nehm' ich dein Tier«. Dabei werden Tierhalter zusammengeführt, die im gegenseitigen Tausch ein Tier versorgen, während die Besitzer auf Reisen sind. Allerdings sollten Sie sich den Pflegeplatz vorab genau ansehen – ab und zu finden sich »schwarze Schafe« unter den Anbietern, die nicht für die Aufnahme eines Vierbeiners gerüstet sind. Weitere Tipps finden Sie auch in der Broschüre »Tier & Urlaub« und in der Zeitschrift »Tierisches München«, die Sie über den Tierschutzverein beziehen können.

Dogsitter & Vermittlungsstellen

A.O.G., Agentur ohne Grenzen
Max-Planck-Str. 6/Rgb., 81675 München, Tel. 089-29 99 00 u. 089-98 10 59 00, Fax 089-98 10 59 01.
Sie möchten in Urlaub fahren und Ihr Hund kann nicht mitkommen? Mieten Sie doch einen Hundesitter, der sich während dieser Zeit um Ihren Schützling kümmert! Der Cat-Dog-Haussitter-Club der A.O.G. bietet eine Urlaubspatenschaft für Ihren Hund mit privater Tierpflege an. Ihr Schützling wird in Ihrer Abwesenheit von einem Hundefreund in Ihrer Nachbarschaft gehegt und gepflegt. Auch wenn Sie einen Gassigeher suchen oder selbst mit einem Hund spazieren gehen möchten, sind Sie hier richtig. Das Serviceangebot ist breit gefächert und sorgt für aktive Nachbarschaftshilfe. Für die Vermittlung eines Hundehüters wird ein Monatsbeitrag von ca. € 15,30 berechnet. Der Hundesitter erhält ein Taschengeld von € 7,20 bis € 9,20 pro Tag.

Fressnapf
Kistlerhofstr. 243, 81379 München, Tel. 089-78 58 77 33.
Für den Fall, dass Sie Ihr Glück auf eigene Faust probieren möchten, gibt es im Fressnapf ein schwarzes Brett. Hier können Sie nach Hundesitter-Angeboten Ausschau halten oder selbst ein Gesuch aufhängen. Vielleicht finden Sie auf diese Weise sogar Hunde-Betreuung auf Gegenseitigkeit.

Liga gegen Tierversuche und Tierquälerei e.V.
Paul-Hösch-Str. 44, 81243 München, Tel. 089-820 41 03, Frau Wirstle.
Hunde in Not suchen ein Zuhause auf Zeit! Weil für gerettete Tiere nicht immer sofort eine neue Familie gefunden werden kann, sucht die Liga gegen Tierversuche und Tierquälerei e.V. tierliebe

GUT VERSORGT

HERRCHEN UND FRAUCHEN FÜR EINE WOCHE

Menschen, die bereit sind, vorübergehend einen Hund bei sich aufzunehmen. Melden Sie sich, wenn Sie Lust und Zeit haben. Hundeerfahrung ist jedoch von Vorteil, da viele dieser Hunde ein trauriges Schicksal hinter sich haben und nicht immer ganz einfach zu handhaben sind.

Tierärzte
Auch viele Münchner Tierärzte suchen nach tierlieben Menschen, die heimatlos gewordene Vierbeiner bis zur Weitervermittlung an einen neuen Besitzer aufnehmen möchten. Außerdem können die Ärzte oft sagen, ob ihre Kunden im Urlaub Hunde betreuen.

Gut versorgt

Vermittlungsagentur Michael Gerdschwager
Ruppertstr. 24, 80337 München, Tel. 089-74 68 91 92, Fax 089-74 68 80 76.
Gassigehen bei Wind und Wetter ist nicht jedermanns Sache – auch nicht jedes Herrchens! Wenn es draußen stürmt und schneit und Sie keine Lust auf einen ausgedehnten Spaziergang mit Ihrem Vierbeiner haben, ist Michael Gerdschwager die Lösung. Er vermittelt Ihnen – sobald Sie Mitglied in der Agentur geworden sind – einen Stammsitter, der der Agentur persönlich bekannt ist. Für das Gassigehen erhält der Hundehüter € 4,10 bis € 5,10 pro Stunde. Um Fahrtkosten zu vermeiden, wird versucht, Ihnen einen Sitter aus der näheren Umgebung zu vermitteln. Auch eine Urlaubsbetreuung ist möglich. Der Hundehüter erhält dafür – je nach Größe des Tieres – € 7,60 bis € 10,20 pro Tag.

Gassigeh-Service

Monika Joseph, c/o Kwasniewski
Am Haselnussstrauch 2, 80935 München, Tel. 0177-707 94 74 u. 089-351 35 00.
Sie sind berufstätig und wollen Ihren Hund nicht den ganzen Tag in der Wohnung lassen? Dann sind Sie beim Gassigeh-Service von Monika Joseph genau richtig. Mit einem originellen Kleinbus im Dalmatiner-Design holt die gelernte Heilpraktikerin Ihren Vierbeiner ab und bringt ihn nach einem ausgiebigen Spaziergang mit anderen Artgenossen wieder zurück. Auch eine ganztägige Betreuung ist möglich. Vor dem Einsatz werden die Details bei einem Hausbesuch abgeklärt. Erschwinglich ist der Service obendrein: 90 Minuten Gassigehen inkl. Bringservice kosten € 10,20, die Ganztagsbetreuung € 17,90.

Hundepensionen

Hunde- und Katzenpension Riffenthal
Riffenthal 1, 84416 Inning am Holz, Tel. 08084-38 77, Fax 08084-78 12.
Angesichts der familiären Atmosphäre in dieser Pension wird es Ihnen nicht schwer fallen, Ihren Hund eine Zeit lang in fremde Hände zu geben. Die Zwinger in der Pension sind mit einer Bodenheizung ausgestattet. Großes Plus: Ihr Hund wird nach Absprache auch abgeholt und wieder nach Hause gebracht. Er sollte geimpft (5fach-Impfung) und entwurmt sein. Die Kosten betragen pro Tag € 6,60 bis € 8,90 plus MwSt. – je nach Größe Ihres Hundes. Öffnungszeiten: Mo-Sa 8-18 Uhr, So 9-11 Uhr, Besichtigung: Mo-Sa 14-18 Uhr.

Gut versorgt

Hundepension Palm-Kufner
Ziegelstadlweg 5, 82041 Ödenpullach-Oberhaching, Tel. 089-613 26 34.
Ein weitläufiges Auslaufgehege am Waldrand erwartet Ihren Hund, wenn Sie ihn in der abgeschiedenen Hundepension am Stadtrand Münchens einmieten. Für die Unterbringung stehen wahlweise ein geheiztes Stallgebäude oder ein Freigehege mit Hütten zur Verfügung. Das Futter für ihre Schützlinge bereitet die Familie Kufner täglich frisch zu. Voraussetzung für die Aufnahme ist eine 5fach-Impfung. Je nach Größe des Tiers betragen die Kosten pro Tag € 7,70-11,20 plus MwSt. Öffnungszeiten: Mo-Fr 9-12 u.15-17 Uhr, Sa 9-12 Uhr.

Hundeschule-Pension Anneliese Maier
Wendenheim 2-4, 84419 Obertaufkirchen, Tel. 08082-12 14, Fax 08082-59 97.
Der Wau-Wau-Express holt Ihren Hund jeweils Montag und Freitag im Stadtbüro (Quagliostr. 16, 81543 München, Tel. 089-65 52 53) in München ab, wenn Sie selbst keine Möglichkeit haben, nach Obertaufkirchen zu fahren. Es werden nur geimpfte Hunde aufgenommen (5fach-Impfung), empfohlen wird darüber hinaus eine Impfung gegen Zwingerhusten. Die Unterbringung kostet pro Tag € 11,20 bis € 16,40, je nach Größe und Fellpflegebedarf Ihres Hundes. Gegen Aufpreis werden Wohnungshaltung, Gassigehen und Einzelhaltung angeboten. Denken Sie daran, Ihren Hund besonders in den Haupturlaubszeiten frühzeitig anzumelden. Geschäftszeiten: Mo-Sa 8-10.30 Uhr u. 14.30-16.30 Uhr. Besichtigung: Mo- Sa 14.30-16.30 Uhr.

R. Kotyza,
Hundeschule und Pension
Münchner Str. 12, 85232 Bergkirchen, Tel. 08131-820 90, Fax 08131-541 70, Frau Kotyza.
Frau Kotyza begrüßt es, wenn sich die Herrchen und Frauchen persönlich über das Zuhause auf Zeit ihrer Hunde informieren. Dafür kümmert sie sich aber auch intensiv um die ihr anvertrauten Tiere. Aufgenommen werden alle Hunde, die eine 5fach-Impfung vorweisen können. Besonders zu den Haupturlaubszeiten sollten Sie Ihren Hund rechtzeitig anmelden. Die Kosten für mittelgroße Hunde betragen € 8,20 pro Tag plus MwSt. Öffnungszeiten: Mo-Fr 8-17, Sa 8-12 Uhr. Besichtigung: Mo-Fr 10-16 Uhr, Sa 10-12 Uhr. An Sonn- und Feiertagen geschlossen.

WELLNESS

Keine Frage, jeder Hundehalter ist darauf bedacht, dass sich sein Vierbeiner wohl fühlt. Wesentliche Voraussetzung dafür ist, dass der Hund regelmäßig tierärztlich untersucht, vorbeugend behandelt und im Krankheitsfall medizinisch versorgt wird (siehe Kapitel Gesund & Munter). Darüber hinaus möchte man seinem Hund manchmal aber zusätzlich etwas besonders Gutes tun, ihn mal so richtig verwöhnen ...

Erlaubt ist, was gefällt ...

Jeder Hund hat individuelle Vorlieben. Manche Hunde genießen es zum Beispiel, im Hundesalon gepflegt zu werden. Andere dagegen finden das liebevolle Waschen, Schneiden und Fönen lästig und lassen es eher geduldig über sich ergehen. Im Folgenden werden verschiedene Möglichkeiten vorgestellt, was man für das Wohlbefinden seines Vierbeiners tun kann. Viele Anregungen finden sich auch in den Kapiteln »Frei & Zeit« und »Erziehung & Sport« auf den Seiten 10 bis 39. Aus all diesen Alternativen gilt es, für sich und seinen Hund das Passende auszuwählen. Manchmal lohnt es sich, ein unbekanntes Wellness-Angebot einfach einmal auszuprobieren. Nicht selten sind Hundehalter, die dem Wohlfühl-Erlebnis zunächst skeptisch gegenüberstanden, hinterher begeistert – und mit ihnen ihr Hund.

Feng-Shui

6.000 Jahre alt ist die chinesische Lehre vom Leben in Harmonie mit seiner Umgebung. Feng-Shui geht davon aus, dass u.a. die Platzierung der Möbel in der Wohnung nach den Prinzipien dieser Lehre Wohlbefinden und Gesundheit der Bewohner fördern. Auch, wenn Sie (noch) nicht auf der Trendwelle Feng-Shui mitreiten – was spricht dagegen, sich zum Wohle seines Hundes mit der Lage des Hundekörbchens oder mit der Wahl des Futterplatzes zu beschäftigen? Schließlich verbringen gerade Stadthunde relativ viel Zeit in ihren vier Wänden. Scha-

WELLNESS

den kann es jedenfalls nicht. Nach der Feng-Shui-Lehre für Hunde sollte das Körbchen
▸ nicht in der Küche, im Bad oder in der Toilette stehen
▸ nicht so platziert werden, dass eine Zimmerecke oder Regalkante auf den Ruheplatz weist
▸ nicht in der Nähe elektronischer Geräte aufgestellt werden
▸ nicht vor dem Fernseher oder einem Spiegel stehen
▸ nicht mitten in einem langen, kahlen Flur stehen
▸ nicht unter einer Wendeltreppe platziert sein.
Wer mehr über Feng-Shui für Hunde wissen möchte, lässt sich am besten von einem Spezialisten beraten oder greift – falls keiner in der Nähe zu finden ist – auf Fachliteratur zurück (z.B. »Feng-Shui für Heimtiere« von Harald Knauss, Verlag G+U).

Tellington-Touch (Feldenkrais für Tiere)

Streicheleinheiten für die Seele! Linda Tellington-Jones hat Anfang der 70er-Jahre die Feldenkrais-Methode für den Menschen auf das Tier übertragen. Und zwar so, dass sie vom Tierhalter selbst angewendet werden kann. Ziel der Tellington-Touch-Methode ist es, das Tier zu entspannen, Wohlbefinden und Lernfähigkeit zu fördern und, falls nötig, Schmerzen zu lindern und Heilungsprozesse zu unterstützen. Auch Verhaltensstörungen werden mit dieser Methode behandelt. Im Zentrum stehen die Berührungen (T-Touches) und die Bodenarbeit, bei der die Hunde spezielle Übungen absolvieren. Ergänzend wird ein Körperband eingesetzt, eine elastische Binde, die um den ganzen Körper

JEDER TAG EIN WOHLFÜHL-TAG

Schon mit Kleinigkeiten lässt sich der Alltag Ihres Vierbeiners wohlig gestalten: etwa in Form von beheizbaren Hundekissen oder Wassermatratzen, auf denen der Vierbeiner entspannen kann. Massagebälle, -bürsten und -handschuhe, Duftlampen oder Kräutersträuße für das Schlafkörbchen und andere Wellness-Produkte sind in Zoofachhandel, Apotheken und Reformhäusern erhältlich. Vorsicht jedoch bei ätherischen Ölen: Hundenasen sind empfindlich, deshalb die hoch konzentrierten Substanzen nur verdünnt in geringen Mengen anwenden! Melisse, Baldrian und Sandelholz z.B. sollen entspannend, beruhigend und ausgleichend wirken.

Wellness

DAS TUT GUT!

des Hundes gewickelt wird. Sie soll dem Hund mehr Gefühl für den eigenen Körper und darüber hinaus Sicherheit vermitteln. Im Rahmen der T-Touches wird der Körper des Hundes mit den Händen »ausgestrichen«, dann werden bestimmte Körperzonen, etwa an den Ohren und rund um den Fang, kreisförmig massiert. Diese Aktivierung der Nervenbahnen wirkt entspannend und beruhigend oder stimulierend.

Hunde-Salons

Es gibt immer noch Hundehalter, die die professionelle Pflege eines Hundes im Salon belächeln. Doch Vorurteile sind fehl am Platz, denn viele Hunde genießen es, liebevoll gewaschen und gebürstet zu werden. Sie lassen sich gerne verwöhnen, ähnlich wie Menschen beim Frisör- oder Kosmetiksalonbesuch.

Neben den Schönheitsbehandlungen stehen oft wohltuende Massagen und durchblutungsfördernde Behandlungen mit weichen Bürsten auf dem Programm.

Wohlbefinden durch Weight-Watchers

Verwöhnen ist gut, aber bitte nicht mit ungesunden Leckerbissen, die überflüssige Pfunde heraufbeschwören. Denn das Wohlbefinden eines Hundes leidet unter starkem Übergewicht. Der Bewegungsdrang des Vierbeiners nimmt ab, seine Gesundheit ist gefährdet, seine Lebenserwartung sinkt. Der Weg zum gesunden Gewicht gehört daher mit auf den Wellness-Plan. Mehr Bewegung und kalorienreduzierte Light-Futtermittel helfen, die überflüssigen Pfunde loszuwerden – sofern der Hundebesitzer das Programm konsequent durchhält. In »schweren« Fällen kann eine Diät mit Produkten aus der Tierarztpraxis nützlich sein. Einige Praxen bieten sogar »Weight-Watchers«-Programme für Hunde an: Das »Abspecken« in der Gruppe motiviert und hilft, in schwachen Momenten durchzuhalten.

WELLNESS

Wellness oder Medizin?

Viele Heilmethoden, die zur Behandlung von Krankheiten bei Hunden eingesetzt werden, können auch das Wohlbefinden von gesunden Hunden unterstützen. Nicht selten verschwimmen dabei die Grenzen zwischen Therapie und Wellness-Programm. Egal, zu welchem Zweck die Behandlungsmethoden angewandt werden – es empfiehlt sich, auf jeden Fall versierte Fachleute aufzusuchen: Tierarztpraxen und seriöse Tierheilpraktiker, wo Hundehaltern auch gezeigt wird, wie sie ihre Vierbeiner zu Hause verwöhnen können. Folgende Methoden bieten sich unter anderem an, gesunde Hunde zu entspannen, Stress abzubauen oder Muskeln zu lockern:

Massagen
Kneten, Walken und Klopfen bestimmter Muskelgruppen wirkt entspannend oder anregend. Verspannungen werden gelöst, die Durchblutung wird gefördert.

Bewegungstherapie
Gymnastik und Bewegungsprogramme wirken entspannend, anregend oder leistungsfördernd. Die Muskulatur wird gestärkt, der Stoffwechsel angeregt und die Sauerstoffversorgung unterstützt.

Akupunktur/Akupressur
Spezielle Punkte des Körpers werden per Nadelstich oder Fingerdruck stimuliert. Der Fluss der Energie im Körper wird positiv gelenkt, was anregend, entspannend, ausgleichend und stabilisierend wirken kann.

Homöopathie
Speziell aufbereitete Substanzen aus der Natur werden individuell für den einzelnen Hund ausgewählt und angewendet.

Bach-Blütentherapie
38 Blüten werden nach besonderen Vorschriften ausgesucht und verarbeitet. Passend ausgewählt, fördern sie die Gesundheit von Körper, Geist und Seele.

Phytotherapie
Heilpflanzen werden in Form von Tees, Säften oder pur eingesetzt, um auf bestimmte Vorgänge im Körper einzuwirken. Beruhigend wirken etwa Hopfen und Zitronenmelisse.

Farbtherapie
Gezielte Farben im Umfeld des Hundes sollen seinen Gemütszustand beeinflussen. Grün soll zum Beispiel beruhigend wirken, Gelb aufheiternd, Orange anregend.

Aromatherapie
Ätherische Öle aus Blüten, Blättern und Zweigen von Pflanzen werden zum Beispiel über Duftlampen verdampft.

Buch-Tipp: »Hunde auf natürliche Weise heilen« von Dr. med. vet. Claudia Möller, Falken-Verlag.

Wellness

WOHLFÜHLEN IN MÜNCHEN

Seminare

Ausbildungszentrum für Lebensenergie und Biophysikalische Medizin
raum&zeit-Akademie, Geltinger Str. 14e, 82515 Wolfratshausen, Tel. 08171-41 84 67, Fax 08171-41 84 66, Sabine Meisl.
Wenn Sie Ihren Hund besser verstehen und gezielter zu seinem Wohlbefinden beitragen möchten, können Sie sich auch ohne einschlägige Vorbildung zum Lebensenergie-Berater-Tier (LEB®/T) ausbilden lassen. Unter der Leitung der Tierkinesiologin Rosina Sonnenschmidt lernen Sie Wissenswertes über die Heilkraft von Pflanzen, Feng-Shui oder Farb- und Musik-Therapie für Tiere. Ein viertägiges Seminar kostet € 490.

Bachblüten & Co

Naturheilpraxis Petra Stein
Schubertstr. 7, 80336 München, Tel. 089-538 07 63, Fax 089-51 39 98 91.
Gesundheitsprobleme wie psychische Störungen, degenerative Prozesse oder toxische Belastungen sind zwar meist nicht lebensbedrohlich, mindern aber die Lebensqualität von Tieren beträchtlich. Nach allen Regeln der (Naturheil-)Kunst bringt Petra Stein Hundepatienten wieder ins physische und seelische Gleichgewicht. Individuell auf das jeweilige Krankheitsbild abgestimmt, arbeitet die erfahrene Tierheiltherapeutin mit Bachblüten, Homöopathie, Laserakupunktur, Aurasoma- und Nosoden-Therapie.

Wohlfühl-Produkte

Haus des Hundes
Stachus Untergeschoss, 80335 München, Tel. 089-55 57 30.
Möchten Sie Ihren Liebling mit originellen Spielzeugen und modischen Accessoires verwöhnen? In dem kleinen Laden können Sie aus über 6.000 Artikeln wählen: Von Plastik-Wurstsemmeln über Plüschhandys bis zu extravaganten Hundehütten und luxuriösen Regencapes ist alles dabei.

Wohlfühl-Urlaub

Huntel
A-5241 Maria Schmolln, Haus Nr. 6, Tel. 0043-77 43-22 26, Fax 0043-77 43-22 24, http://tiscover.com/huntel, Hans und Barbara Bachleitner.
Seit über zehn Jahren bietet das kleine Hotel im österreichischen Innviertel alles, was das Hundeherz begehrt: z.B. einen Agility-Parcours, einen Abrichteplatz sowie ein 5.000 qm großes Auslaufgehege mit Schwimmteich. Die Wirtsfamilie lädt ihre zwei- und vierbeinigen Gäste zu geführten Wanderungen, auf den Golfplatz und zu Ausbildungskursen ein. (HP für Hund und Halter ca. € 409/ Wo.)

GESUND & MUNTER

RUNDUM GESUND UND VOLLER ENERGIE

GESUND & MUNTER

Stadthunden geht es meist sehr gut. Denn ihre Halter widmen ihnen viel Aufmerksamkeit. Diese enge Gemeinsamkeit garantiert, dass sofort bemerkt wird, wenn etwas nicht stimmt, der Magen rumort oder die Pfote verstaucht ist. Hinzu kommt, dass die meisten Hunde in der Stadt mit hochwertigem Fertigfutter ernährt werden. Ein Faktor, der wesentlich zur Gesundheit der Tiere beiträgt, da gutes Markenfutter optimal auf den Bedarf von Hunden abgestimmt ist.

Gesundheit

Ein gesunder Hund muss nicht oft zum Tierarzt. Immer nur dann, wenn es heißt, Krankheiten vorzubeugen, beispielsweise wenn die jährliche Impfung ansteht. Bei dieser Gelegenheit kann dann gleich ein allgemeiner Gesundheits-Check vorgenommen werden. Dabei wird unter anderem der Zustand des Gebisses kontrol-

GESUND & MUNTER

(HUNDE-)KRANKHEITEN VERMEIDEN

In der Stadt, wo auf relativ engem Raum viele Hunde und Menschen zusammenleben, sind folgende tierärztliche Maßnahmen zu empfehlen:

▶ Impfungen gegen die fünf wichtigsten Infektionserkrankungen: Tollwut, Staupe, Hepatitis contagiosa canis (ansteckende Leberentzündung), Parvovirose (Virenerkrankung des Verdauungstraktes) und Leptospirose (Stuttgarter Hundeseuche). Der Impfschutz wird alle zwölf Monate aufgefrischt.

▶ Alle vier bis acht Monate Untersuchung einer Kotprobe. Bei einem Befall mit Würmern ist eine Entwurmung vorzunehmen. Die Häufigkeit dieser Maßnahme richtet sich nach den Lebensumständen des Tieres. Bei Hunden, die in einer Familie mit Kleinkindern leben, sind regelmäßige Wurmkuren besonders wichtig. Ein individueller Untersuchungsplan ist mit dem Tierarzt abzustimmen.

▶ Prophylaxe gegen Zecken und Flöhe, besonders im Frühjahr und Sommer. Beim Tierarzt sind zahlreiche verschiedene Mittel (Spritzen, Tabletten, Sprays und Tinkturen zum Auftragen) erhältlich, die einfach anzuwenden sind und einem Ungezieferbefall vorbeugen. Welches Mittel für den eigenen Hund das optimale ist, weiß der behandelnde Tierarzt.

liert. Denn ein frühzeitiges Erkennen und Entfernen von Zahnstein beugt schmerzhaften Zahnerkrankungen vor.

Zeigt der Hund Anzeichen einer Erkrankung, zum Beispiel starken Durchfall oder Lahmen über einen längeren Zeitraum, wird ein Tierarztbesuch unumgänglich. Hier gilt grundsätzlich: Besser einmal zu viel oder zu früh den Tierarzt um Rat gefragt als einmal zu wenig oder zu spät!

Kastration – ja oder nein?

Bei einer Kastration werden die Keimdrüsen entfernt, bei Hündinnen also die Eierstöcke, bei Rüden die Hoden. Im Rahmen einer Sterilisation werden dagegen lediglich die Eileiter beziehungsweise die Samenleiter durchtrennt. Beide Eingriffe führen zur Unfruchtbarkeit und schützen so vor unerwünschtem Nachwuchs.

GESUND & MUNTER

Mit den Keimdrüsen wird hormonproduzierendes Gewebe entfernt. Kastrierte Tiere stehen somit nicht mehr unter dem Einfluss von Sexualhormonen. Bei männlichen Tieren ist eine Kastration nur dann sinnvoll, wenn sie ein extrem überzogenes Sexualverhalten zeigen. Bei kastrierten Hündinnen bleibt die Läufigkeit aus, sie werden also nicht mehr »heiß«. Im Gegensatz dazu verbleiben bei einer Sterilisation die Keimdrüsen im Körper und produzieren weiterhin Sexualhormone. Sterilisierte Tiere sind somit zwar unfruchtbar, Zyklus und Verhalten bleiben jedoch unbeeinflusst. Hündinnen werden weiterhin läufig.

Die erste Läufigkeit tritt bei Hündinnen zwischen dem 6. und 12. Lebensmonat auf. Anschließend wiederholt sie sich zweimal jährlich, meist im Frühjahr und im Herbst, und dauert jeweils etwa drei Wochen. Die Hündinnen sind in dieser Zeit fruchtbar und deckbereit – und sie verströmen einen für männliche Hunde äußerst attraktiven Duft. Damit verdrehen läufige Hündinnen den Rüden der Nachbarschaft so den Kopf, dass diese nicht mehr gehorchen und sich gegen den Willen ihres Herrchens »selbstständig machen«. Das ist nicht nur sehr lästig und unangenehm, sondern kann auch gefährlich werden, da besonders in der Stadt liebestolle Rüden dem Risiko stark befahrener Straßen ausgesetzt sind.

Viele Hundehalter lassen daher ihre Hündinnen kastrieren. Und das nicht nur in der Stadt. Denn eine frühe Kastration verhindert nicht nur die Läufigkeit, sie ver-

FIT UND AKTIV – DANK AUSGEWOGENER ERNÄHRUNG

67

GESUND & MUNTER

ringert auch das Risiko der Entstehung von Gesäugetumoren. Aber auch bei älteren Hündinnen empfiehlt sich eine Kastration. Und zwar nicht nur, um unerwünschten Nachwuchs zu verhindern, sondern auch im Sinne eines harmonischen und gefahrlosen Miteinanders in der Stadt. Eine Ausnahme bilden Hündinnen, die von ihrer Persönlichkeit her gleichzeitig unsicher und kämpferisch sind. Hier können sich Verhaltensprobleme durch eine Kastration verstärken.
Eine Kastration birgt kein sehr hohes Operationsrisiko. Mögliche Spätfolgen wie Inkontinenz können bei Hündinnen nicht ausgeschlossen werden, sind aber selten.

Zur Unterdrückung der Läufigkeit stehen auch alternative Methoden, wie regelmäßige Hormonspritzen, zur Verfügung. Über Risiken sowie Vor- und Nachteile berät die behandelnde Tierarztpraxis.

Wohlbehalten durch den Winter

Winterliche Temperaturen lassen die meisten Hunde kalt. Solange sie in Bewegung sind. Gegen ausgiebige Spaziergänge ist also auch bei Schnee und Eis nichts einzuwenden. Lediglich lange Wartezeiten vor dem Supermarkt oder im Auto sind bei Minusgraden zu vermeiden. Gesunde Hunde brau-

WENN FRÜHLINGSGEFÜHLE ERWACHEN ...

Hündinnen werden läufig und Rüden stellen läufigen Hündinnen nach. Das hat die Natur so eingerichtet und daran lässt sich nichts ändern. Ebenso natürlich sollte auch ein gewisses Maß an gegenseitigem Verständnis, Toleranz und Rücksichtnahme bei den Hundehaltern sein. Keiner, der eine Hündin besitzt, lässt diese aus böser Absicht läufig werden. Entscheidet sich jemand, seine Hündin nicht kastrieren zu lassen, so wird er Gründe dafür haben. Sicherlich ist es lästig, wenn der eigene Rüde im Frühjahr Kopf steht, weil läufige Hündinnen unterwegs sind. Aber auch »heiße« Hündinnen müssen raus und brauchen ihren Auslauf. Wer eine läufige Hündin hat, sollte sich redlich bemühen, Rüden so weit wie möglich aus dem Weg zu gehen, und das Tier an der Leine, auf abgelegenen Wiesen und nicht gerade zu Stoßzeiten ausführen.

GESUND & MUNTER

RIESENSPASS FÜR GESUNDE HUNDE: TOBEN IM SCHNEE

chen kein Mäntelchen zum Schutz vor Nässe und Kälte. Nur Hunde, die überdurchschnittlich kälteempfindlich sind, wie zum Beispiel alte und kranke Tiere, sollten bei sehr niedrigen Temperaturen mit einem Hundemantel geschützt werden. Auch bei manchen Rassen wie Whippet und Nackthund kann ein Wärmeschutz sinnvoll sein. In Zweifelsfällen bitte mit dem Tierarzt beraten. Der Mantel sollte dann nicht nur Lenden und Rücken, sondern auch den Bauch des Hundes bedecken.

Im Fell langhaariger Hunde können sich bei Schnee unter Umständen Eisklumpen bilden. Hunde in diesem Fall nicht alleine lassen, denn oft reißen sie sich die Klumpen samt Fell aus. Zunächst das Eis sorgfältig mit lauwarmem Wasser auftauen, anschließend den Hund gründlich bürsten. Um zu verhindern, dass zwischen den Ballen der Pfoten Eisklumpen entstehen, sollten die dort sitzenden Haare im Winter regelmäßig gekürzt werden.

Sinnvoll ist es außerdem, die Pfoten nach jedem Winterspaziergang mit etwas lauwarmem Wasser zu waschen und so Streusalz und Grit zu entfernen. Nach einem Spaziergang im Schnee oder Regen wird der Hund am besten sorgfältig mit einem Handtuch trocken gerubbelt. Die meisten Tiere genießen dieses Trockenrubbeln sehr, während sie einen warmen Föhn eher zum Davonlaufen finden.

GESUND & MUNTER

Das richtige Futter

Eine wesentliche Basis für eine stabile Gesundheit ist eine ausgewogene Ernährung. Wichtig ist, dass ein Hund mit dem Futter alle Nährstoffe aufnimmt, die er braucht. Und zwar in optimaler Menge und Zusammenstellung. Ein Beispiel: Kalzium und Phosphor. Ein Überschuss ist hier ebenso schädlich wie ein Mangel. Aber nicht nur die Menge, auch das Verhältnis dieser beiden Nährstoffe zueinander muss passen. Eine Futterration derart ausgeklügelt zusammenzustellen, ist nicht einfach. Mit Dosenfutter namhafter Marken, wie zum Beispiel Pedigree, ist man immer auf der sicheren Seite. Es garantiert eine ausgewogene, bedarfsgerechte Versorgung. Möchte man seinem Hund Abwechslung bieten, empfiehlt es sich, Dosennahrung in Kombination mit Trockennahrung von der gleichen Marke zu füttern. Die Dosen- und Trockenprodukte, zum Beispiel von Pedigree, sind so aufeinander abgestimmt, dass der Hund in jeder individuellen Kombination optimal versorgt wird. Darüber hinaus sind die Zutaten so gewählt, dass die Gesundheit des Hundes nicht nur erhalten, sondern gezielt gefördert wird.

Möglich ist es natürlich auch, das Futter für den Hund selbst zuzubereiten. Hier heißt es aber: Vorsicht! Ehe man sich's versieht, enthält die Ration ein Zuviel oder Zuwenig an lebenswichtigen Nährstoffen, Vitaminen und Mineralien. Außerdem muss Folgendes beachtet werden:
Kein rohes Fleisch verfüttern, denn darüber können für den Hund lebensgefährliche Krankheitserreger übertragen werden. Selbst zubereitetes Futter verdirbt leicht. Es muss daher täglich frisch gekocht werden.
Zu viel Fleisch ist ungesund. Die Mahlzeit eines Hundes muss neben tierischem Eiweiß unbedingt auch einen bestimmten Anteil an pflanzlicher Nahrung enthalten. Eine reine Fleischfütterung kann auf Dauer schwere Skeletterkrankungen zur Folge haben. Beim Kochen der Zutaten gehen Vitamine verloren. Dieses Defizit muss der fertigen Mahlzeit in genau dosierter Menge wieder zugegeben werden.
Noch komplizierter wird es, wenn man mit selbst zubereitetem Futter auf individuelle Ansprüche seines Hundes eingehen möchte. Es ist nämlich durchaus sinnvoll, nicht nur Welpen und ältere Hunde, sondern auch ausgewachsene Tiere sowie Hunde mit Figurproblemen ganz gezielt ihren Bedürfnissen gemäß zu ernähren. Hochwertige Fertignahrung wie Pedigree geht auf diese Unter-

GESUND & MUNTER

schiede ein und bietet eine Vielzahl an Produkten, deren Rezeptur genau auf die Größe des Hundes und die individuellen Anforderungen in unterschiedlichen Lebensabschnitten abgestimmt ist.

Infos zu Gesundheit und Ernährung gibt's bei den Experten der Pedigree-Hotline: Tel. 01805-33 45 45 (8-20 Uhr, gebührenpflichtig, € 0,12/Min., Stand 07/2001) oder unter www.mypetstop.com.

FÜTTERUNGSTIPPS

▶ Ein Hund sollte regelmäßig, zweimal am Tag, immer zur gleichen Uhrzeit gefüttert werden.

▶ Zu viel Abwechslung ist für Hunde ungesund. Plötzliche oder häufige Futterumstellungen können die Verdauung und damit die Nährstoffaufnahme stören. Ideal ist es, langfristig bei einer Futtermarke zu bleiben und Dosenprodukte mit Trockenprodukten der Marke zu kombinieren. In dieser Kombination lassen sich die Geschmacksrichtungen bedenkenlos variieren.

▶ Nach dem Fressen braucht ein Hund seine (Verdauungs-)Ruhe. Gefüttert wird daher immer erst nach und nicht unmittelbar vor einem Spaziergang.

▶ Das Futter darf nicht direkt aus dem Kühlschrank verfüttert werden, sondern sollte ungefähr Zimmertemperatur haben.

▶ Essensreste und Naschereien wie Kekse, Schokolade oder Kartoffelchips bekommen einem Hund nicht.

▶ Als besondere Belohnung kann ruhig mal ein Leckerbissen gegeben werden. Aber bitte in Maßen und nur solche, die für Hunde gesund sind, wie z.B. Schmackos, Markies oder Biscrok.

▶ Vorsicht vor überflüssigen Pfunden! Übergewicht beeinträchtigt nicht nur das Wohlbefinden des Hundes, es ist auf Dauer auch ungesund! Wird ein Hund dick, helfen nur zwei Dinge: mehr Bewegung und ein kalorienarmes Futter, wie zum Beispiel Pedigree Light. In besonders schweren Fällen ist eine Diät unter tierärztlicher Kontrolle zu empfehlen (siehe auch »Weight-Watchers« Seite 62).

GESUND & MUNTER

GESUND IN MÜNCHEN

Hundegesundheit

Bayerische Landestierärztekammer
Theatinerstr. 42, 80333 München, Tel. 089-219 90 80.
Einen niedergelassenen Tierarzt in Ihrer Nähe finden Sie über die regionalen »Gelben Seiten« der Telekom. Fachtierärzte wie z.B. Chirurgen geben ihren Titel dort meist mit an. Wer einen Spezialisten für ein besonderes Fachgebiet sucht, etwa einen Tierarzt, der sich besonders intensiv der Behandlung von Herzerkrankungen widmet, kann bei der Tierärztekammer um eine Empfehlung bitten.

Deutsche Gesellschaft der Tierheilpraktiker
Husemannstr. 25-27, 45879 Gelsenkirchen, Tel. 0209-20 13 13.
Die Berufsbezeichnung »Tierheilpraktiker« ist derzeit ungeschützt. Es kann sich also jeder selbst zum Tierheilpraktiker ernennen und sich als solcher niederlassen, auch wenn er keine dem entsprechende Ausbildung absolviert hat. Dieser Fall ist jedoch die Ausnahme. Adressen von qualifizierten Tierheilpraktikern sind unter obiger Anschrift zu erfahren.

Zentralverband der Ärzte für Naturheilverfahren (ZÄN)
Promenadenplatz 1, 72250 Freudenstadt, Tel. 07441-91 85 80, Fax 07441-918 58 22.
Tierärzte können eine zusätzliche Ausbildung absolvieren, die ihnen erlaubt, die Zusatzbezeichnung »Biologische Tiermedizin« oder »Homöopathie« zu führen. Meist sind diese Bezeichnungen in den »Gelben Seiten« angegeben. Gegen € 2,60 in Briefmarken kann aber auch beim ZÄN eine Liste der Tierärzte angefordert werden, die Naturheilverfahren anwenden.

Zentralverband der Zoofachhändler
Tel. 06103-91 07 32.
Bei Fragen zu Themen wie Ernährung oder Impfungen stehen Ihnen die Experten des Verbands der Zoofachhändler in ihrer Telefonsprechstunde zur Seite. Die Servicenummer ist montags von 12 bis 16 und donnerstags von 8 bis 12 Uhr besetzt.

Notfallbereitschaft

Tierärztlicher Notdienst
Tel. 089-29 45 28.
Nicht selten: Ausgerechnet am Wochenende oder an Feiertagen wird Ihr Hund krank, Sie wissen nicht, wie Sie Ihrem Tier helfen können und Ihr Tierarzt ist nicht zu erreichen. Hilfe bekommen Sie in diesem Fall über die tierärztliche Notdienstansage. Ein Tonband informiert rund um die Uhr, welche Tierärzte an dem entsprechenden Wochenende oder dem Feiertag – auch nachts – einsatzbereit sind.

GESUND & MUNTER

KRÄFTE SAMMELN FÜR DIE NÄCHSTE TOBERUNDE

Notfallbereitschaft Tierklinik der Universität München, Ambulanz
Veterinärstr. 13, 80539 München, Tel. 089-21 80 26 50.
In akuten Notfällen wie bei Verletzungen, die durch Unfälle hervorgerufen wurden, oder bei Vergiftungen können Sie sich – sofern Ihr Hund transportfähig ist – auch an die Tierklinik der Universität München wenden. Die Ambulanz ist rund um die Uhr geöffnet. Je nach Verletzung wird das Tier dann in die entsprechende Fachabteilung überwiesen und dort weiterbehandelt.

Tierrettung München e.V.
Herzogstr. 127, 80796 München, Tel. 01805-84 37 73, www.tierrettungmuenchen.de, Dr. Evelyne Menges, Tel. 089-30 77 95 22.
Wenn Ihr Hund plötzlich schwer erkrankt oder verletzt wird – noch dazu, wenn der Notfall nachts oder am Wochenende eintritt – keine Panik! Wenden Sie sich an den Verein Tierrettung, eine der besten Anlaufstellen für solche Fälle. Über eine Hotline ist er 24 Stunden am Tag erreichbar. Wenn die Ambulanz eintrifft, leitet der diensthabende Tierarzt Sofort-

GESUND & MUNTER

maßnahmen ein und bringt das Tier dann zu Ihrem Tierarzt oder in eine Tierklinik. Für Mitglieder (Jahresbeitrag € 30) ist der Einsatz, bei dem sie kostenlos mitfahren dürfen, durch eine tierärztliche Gruppenversicherung abgedeckt. Nichtmitglieder können aus versicherungstechnischen Gründen nicht mitgenommen werden und müssen mit Kosten von mindestens € 60 rechnen. Falls Sie allerdings die Tierrettung alarmieren, weil Sie als Unbeteiligter irgendwo ein verletztes Tier gefunden haben, zahlen Sie natürlich nichts! Der Verein, in dessen Vorstand sich renommierte Tiermediziner und Politiker wie die Stadträtin Dr. Evelyne Menges engagieren, informiert auch über Erste-Hilfe-Maßnahmen und Krankheiten.

»WER SPIELT MIT MIR?«

Fachgeschäfte

Ausgewogenes Hundefutter bekommen Sie in München in allen Supermärkten, in Zoofachhandlungen und an fast jeder Tankstelle. Außerdem erhalten Sie hochwertige Hundenahrung in folgenden Münchner Geschäften:

Die Pfote
Friedrich-Eckart-Str. 54, 81929 München, Tel. 089-93 49 00.
Fast so gut wie selbst gekocht ist das Futter, das Oliver Frackmann in seinen beiden Geschäften feilbietet: Sämtliche Gerichte wie z.B. der »Fit-Topf« werden von einem Allgäuer Metzger exklusiv für »Die Pfote« zubereitet und sind frei von synthetischen Zusatzstoffen. Ein Futter, das auch sensible oder allergiegeplagte Hunde vor gesundheitlichen Problemen schützt. Geöffnet: Mo-Fr 9.30-18, Sa 9.30-13 Uhr.
▶ *Die Pfote, Nordenstr. 54, 80801 München, Tel. 0172-673 08 62.*
Mo-Fr 9.30-16, Sa 9-13 Uhr.

Fressnapf
Kistlerhofstr. 243, 81379 München, Tel. 089-78 58 77 33, www.fressnapf.de.
Stöbern Sie gerne in den Regalen, um Ihrem Liebling eine Extraüberraschung mitzubringen? Der »Fressnapf« macht seinem Namen

GESUND & MUNTER

alle Ehre und bietet eine Riesenauswahl an allem, was Vierbeinern schmeckt: Dosen- und Trockenfutter verschiedenster Hersteller, Tiefkühlkost, Spezialnahrung für empfindliche Tiere sowie leckere Knabberlis. Ein Großteil des Sortiments ist auch per Mausklick erhältlich. Geöffnet: Mo-Fr 9-19, Sa 9-14 Uhr.
Weitere Filialen in München:
▸ *Fressnapf, Bodenseestr. 24, 81241 München, Tel. 089- 89 67 08 50.*
▸ *Fressnapf, Schmuckerweg 3, 81825 München, Tel. 089-688 16 29.*
▸ *Fressnapf, Plinganserstr. 58, 81369 München, Tel. 089-76 70 40 10.*
▸ *Fressnapf, Kolbermoorer Str. 32, 83026 Rosenheim, Tel. 08031-446 69.*

MITTAGESSEN IST FERTIG!

Hunde- und Katzenboutique
Nordendstr. 44, 80801 München, Tel. 089-271 39 95, Herr Meissner.
Tiernahrung aus ökologischer Produktion ist die Spezialität des Fachgeschäfts im Herzen Schwabings. Neben Dosen- und Trockenfutter zählt Frischfleisch aus kontrollierter Haltung zum Sortiment. Dazu kommen Nahrungsergänzungsmittel, Knabbereien und hochwertige Pflegeprodukte. Geöffnet: Mo-Fr 9.30-18.30, Sa 8.30-13.30 Uhr.

Lehner's Tierfutter
Zenettistr. 20, 80337 München, Tel. 089-77 10 56, Fax 089-77 10 57.
Keine Zeit oder keine Möglichkeit, selbst für Ihren kleinen Feinschmecker einkaufen zu gehen? Der hauseigene Lieferservice bringt ab € 40,90 Bestellwert alles, was das Herz Ihres Vierbeiners begehrt, gerne zu Ihnen nach Hause: Dosen- und Trockenfutter, Knochen und Knabbereien, Vitaminpräparate und Spielzeug. Die Lieferpauschale beträgt lediglich € 2,60. Öffnungszeiten: Mo, Di 7-12.30 u. 13.30-16, Mi, Do, 7-12.30 u. 13.30-17, Fr 7-15 Uhr.

Miez und Mops
Landsberger Str. 51, 82110 Germering, Tel. 089-84 60 60.
Eine riesige Theke mit verlockenden Knabber-Mischungen wie z.B. dem »Kuschel-Mix«. Rund 40 Sorten Frischfleisch. Knochen in allen erdenklichen Variationen. Nahrungsergänzungsmittel von zahnpflegenden Kaustreifen bis zu

GESUND & MUNTER

Gemüsedrops. Das alles und noch viel mehr, etwa kostenlose Ernährungsberatung und einen Lieferservice, gibt's bei Miez und Mops (Mo-Fr 9-18.30, Sa 8.30-13 Uhr).
▶ **Miez und Mops**, *Hauptstr. 7, 82223 Eichenau, Tel. 08141-53 73 45.* Mo-Do 9-12.30 u. 14-18.30, Fr 9-18.30, Sa 8.30-13 Uhr.

Pflanzen-Kölle, Gartencenter
Goteboldstr. 9, 81247 München, Tel. 089-89 12 21-0, Fax 089-89 12 21 60.
Bei Kölle gibt es neben Pflanzen auch jede Menge Tiernahrung. Das Unternehmen gehört zu den größten Zoohandlungen Deutschlands und bietet daher auch eine lückenlose Palette aller Hundefuttersorten, Knabbereien und Zubehör – qualifizierte Beratung inklusive. Geöffnet: Mo-Fr 8-20, Sa 8-16 Uhr.

Obi
Lerchenauer Str. 134, 80809 München, Tel. 089-357 15 80.
Als Bau- und Heimwerkermarkt bekannt, bietet Obi auch ein großes Sortiment an Tierbedarf: Futter, Knabbereien und Zubehör von der Leine bis zum Transportkorb. Geöffnet: Mo-Fr 7-20, Sa 7-16 Uhr.
▶ **Obi**, *Fraunhoferstr. 2, 85221 Dachau, Tel. 08131-51 70-0.* Mo-Fr 8-20, Sa 8-16 Uhr.

Ernährungsberatung

Institut für Tierphysiologie an der Universität München
Lehrstuhl für Tierernährung/Diätetik, Abt. Ernährungsberatung, Veterinärstr. 13, 80539 München, Tel. 089-21 80 25 06 (10-12 Uhr).
Wenn Sie Fragen zur richtigen Ernährung Ihres vierbeinigen Freundes haben, unterstützt Sie die Ernährungsberatung der Universität München in der Wahl des richtigen Futtermittels, der adäquaten Futtermenge und der angemessenen Futtermethode. Mithilfe eines umfangreichen Fragenkatalogs und eines Computerprogramms berechnen die Fachkräfte z.B., welche Futtermenge Ihrem ausgewachsenen Hund gut tut oder das Wachstum Ihres Welpens unterstützt. Auch bei ernährungsbedingten Problemen, z.B. wenn Ihr Hund durch zu rasches Wachstum einen Knochenschaden erlitten hat oder an einer Kalziumüberversorgung leidet, steht Ihnen die Ernährungsberatung mit Rat und Tat zur Seite. Sollte Ihr Arzt festgestellt haben, dass Ihr Hund zu dick ist oder eine Unterversorgung besteht, können Sie sich für das Tier auch eine Diät zusammenstellen lassen. Sie erhalten zudem Tipps, welches Hundefutter nahrhaft ist und wann es sinnvoll ist, das Tier selbst zu bekochen. Eine Ernährungsberatung, die auch telefonisch durchgeführt werden kann, kostet je nach Umfang ca. € 61.

RECHTE & PFLICHTEN

EIN SICHERES UND SORGLOSES LEBEN MIT HUND

RECHTE & PFLICHTEN

Die Haltung eines Hundes in der Stadt bringt auch Pflichten mit sich. Gegenüber dem Tier und gegenüber den Mitmenschen, mit denen man gern in harmonischer Gemeinschaft leben möchte.

Die »hundefreundliche« Wohngegend

Wohne ich für die Haltung eines Hundes optimal? Eine Frage, die sich global nicht beantworten lässt. Sicherlich aber gibt es Kriterien, die ohne Zweifel als »hundefreundlich« gewertet werden können. So zum Beispiel
▸ tolerante, tierliebe Nachbarschaft
▸ großes Angebot an Freizeitaktivitäten mit dem Hund (Kontakt zu Artgenossen, Erziehung, Sport)
▸ nahe gelegenes oder gut zu erreichendes Auslaufgebiet ohne Leinenzwang
▸ verkehrsberuhigte Zonen, entfernt von stark befahrenen Straßen
▸ nahe gelegene gute Tierpension
▸ gute tierärztliche Versorgung.
Keine Frage, dies sind Idealbedingungen und sicher keine verbindlichen Voraussetzungen. Ist beispielsweise ein Hundehalter bereit, sich mit seinem Vierbeiner

RECHTE & PFLICHTEN

ins Auto zu setzen und zehn Minuten zur nächsten Grünanlage ohne Leinenzwang zu fahren, steht dem Glück mit Hund auch bei noch so zentraler Wohnlage nichts im Wege. Und auch die Entfernungen zum Hundesportplatz oder zur Tierpension sind in der Stadt selten länger als 30 Minuten. Nur wer keinerlei Möglichkeiten sieht, für einen Hund verantwortungsvoll zu sorgen und ihm ausreichend Auslauf zu ermöglichen, der sollte die Haltung eines Hundes ernsthaft überdenken. Ansonsten aber gibt es für die meisten Städter, deren sehnlichster Wunsch ein Hund ist und die sich die nötige Zeit nehmen können, Mittel und Wege, glücklich mit einem Hund zu leben und dem Tier ein artgerechtes Leben zu bieten.

Die »hundegerechte« Wohnfläche

Die Größe einer Wohnung ist nicht unbedingt ausschlaggebend, denn ein noch so großes Haus mit Garten kann regelmäßige Spaziergänge und ein Miteinander mit Artgenossen nicht ersetzen. Dagegen können selbst größere Hunde, die häufig und ausgiebig ausgeführt werden, auch in kleineren Stadtwohnungen gehalten werden. Wichtig ist, dass der Hund einen festen Schlafplatz und einen festen Fressplatz hat. Ansonsten ist es dem Halter überlassen, welche Zonen in der Wohnung für den Hund erlaubt oder tabu sind. Ein Hund lernt leicht, dass er, sofern sein Herrchen das will, im Schlaf- und Badezimmer nichts zu suchen hat – indem er ruhig, aber konsequent stetig daran erinnert wird. Solche Grenzen sind für das Miteinander von Hund und Mensch übrigens sehr nützlich – sie klären, wer Rudelführer ist und das Sagen hat. Trotzdem sollte es dem Hund möglich und erlaubt sein, verschiedene Plätze in der Wohnung frei zu wählen, sich zum Beispiel aus dem Körbchen auf den Teppich oder unter den Tisch legen zu dürfen.

Schöner wohnen – mit Hund

Ein Hund soll Freude machen, keinen Ärger. Vor Anschaffung eines Hundes sollte daher die offizielle Erlaubnis vom Vermieter eingeholt werden, einen Hund in der Wohnung halten zu dürfen. In vielen Mietverträgen finden sich Klauseln zur Tierhaltung. Da gibt es grundsätzliche Verbote, eingeschränkte Genehmigungen und Regelungen, nach denen die Zustimmung des Vermieters erforderlich ist.
Die Rechtsprechung in Streitfällen ist uneinheitlich. Hundehalter sind daher mit einer ausdrücklichen Regelung im Mietvertrag gut beraten. Ideal ist eine Zusatzver-

einbarung zum eigentlichen Mietvertrag. Diese gibt auch dem Vermieter ein gutes Gefühl, da sie die Pflichten des Hundehalters im Sinne des Hausfriedens regelt, wie zum Beispiel das Anleinen des Hundes im Hausflur und die Beseitigung von Hundekot auf dem Gehsteig. Bringt man als Mieter eine solche Vereinbarung bereits vorbereitet zur Besprechung mit, demonstriert das guten Willen, Verantwortungs- und Pflichtbewusstsein. Meist steht einer Einwilligung des Vermieters dann nichts mehr im Wege.

Ist die Mietwohnung Teil einer Eigentumswohnanlage, liegt die Entscheidung oft nicht allein beim Vermieter. Häufig ist in Gemeinschaftsordnung und Hausordnung weitgehend festgelegt, ob und in welcher Art Tierhaltung zulässig ist. Der Vermieter ist als Eigentümer an diese Regelung gebunden und muss auch seinen Mieter im Mietvertrag entsprechend verpflichten.

BIN ICH IM (MIET-)RECHT?

▶ Enthält ein Mietvertrag keine Beschränkungen der Tierhaltung, so ist nach überwiegender Rechtsprechung trotzdem die Genehmigung des Vermieters zur Hundehaltung erforderlich.

▶ Weiß der Vermieter von der Hundehaltung und duldet er sie über einen längeren Zeitraum kommentarlos, kann man davon ausgehen, dass er damit einverstanden ist. In diesem Fall darf der Vermieter nicht plötzlich ohne triftigen Grund die Abschaffung des Tieres fordern.

▶ Ist laut Mietvertrag die Zustimmung des Vermieters nötig, liegt diese – einigen Gerichtsurteilen zufolge – im freien Ermessen des Vermieters. So kann er zum Beispiel einem Mieter die Hundehaltung gestatten, einem anderen aber nicht – vorausgesetzt, er kann sachliche Gründe dafür nennen.

▶ Fazit: Auf der sicheren Seite ist der Hundehalter nur, wenn er sich auf eine ausdrückliche Zustimmung des Vermieters berufen kann. Fehlt diese im Mietvertrag, sollte man sich vor der Anschaffung eines Hundes unbedingt eine gesonderte schriftliche Zustimmung geben lassen!

RECHTE & PFLICHTEN

Gleiches gilt natürlich auch, wenn man selbst Besitzer einer Eigentumswohnung ist. Hundeliebhaber sollten sich deshalb vor dem Kauf einer Wohnung beim Verwalter genau darüber informieren, wie die Tierhaltung in der Wohnanlage geregelt ist. Nach dem Kauf ist man an diese Regelung nämlich automatisch gebunden. Nachträgliche Änderungen sind schwer, da entsprechende Entscheidungen oft von allen Eigentümern einstimmig beschlossen werden müssen.

Vom Umgang mit den lieben Nachbarn

Die Nachbarn zum Freund des Hundes zu machen, das ist das Ziel. Der Weg dorthin ist Freundlichkeit und vorbildliches Verhalten des Hundehalters. Der sollte seinen Hund in der Nachbarschaft am besten kurz vorstellen. Eine freundliche Plauderei, in der die persönliche Geschichte des Tieres erzählt wird – wie es heißt, welche liebenswerten Macken es hat und was es als Letztes Drolliges angestellt hat –, schafft Sympathien und eine gute Atmosphäre. Fühlt sich ein Nachbar durch den Hund gestört oder hat er sogar Angst vor ihm, ist darauf unbedingt Rücksicht zu nehmen. Wer sein Tier gut erzieht, seine Hinterlassenschaften entsorgt und verständnisvoll verspricht, dass er den Hund im Haus immer an der Leine halten wird – und dies auch tut –, gibt keinerlei Anlass für Ärger. Im Gegenteil, eine repräsentative Umfrage des Mafo-Instituts, Schwalbach, hat gezeigt, dass Menschen an der Seite eines Hundes sympathischer wirken. 83 Prozent der Befragten gaben an, dass ihnen Hundehalter angenehmer sind und mehr Vertrauen vermitteln als Menschen ohne Hund. Ein Sympathievorschuss, den es durch Rücksicht und vorbildliches Verhalten zu bestätigen oder sogar auszubauen gilt.

Hundesteuer/Hundehaltungsverordnung

Die Hundesteuer ist eine Steuer, die nicht vom Bund, sondern von den Städten und Gemeinden

VIERBEINIGER NACHBAR

RECHTE & PFLICHTEN

TAPETENWECHSEL – UMZUG MIT DEM HUND

Hunde hängen an ihren Menschen, nicht an ihrer Umgebung. Ein Umzug mit Hund ist also ein Leichtes. Sofern folgende Punkte beachtet werden:

▸ Die Siebensachen des Hundes ziehen mit um. Körbchen, Decke, Spielzeug und Lieblingsteppich geben ihm in den neuen vier Wänden das Gefühl, zu Hause zu sein.

▸ In den ersten Tagen lässt man den Hund nicht oder nur kurz allein in der ungewohnten Umgebung. Hat er sich in der neuen Wohnung eingelebt und begriffen, dass Herrchen auch hier immer wieder zurückkehrt, bleibt er, wenn er es bereits gewohnt war, auch hier wieder gut für ein paar Stunden allein.

▸ Nicht nur die neue Bleibe, auch die sie umgebenden Straßen und Parkanlagen sind neu für den Hund. Verliert er die Orientierung, wird er noch einige Zeit versuchen, zu seinem alten Zuhause zu laufen. Daher ist für einige Wochen nach dem Umzug besondere Aufmerksamkeit angeraten. Zunächst sollte der Hund seine neue Umgebung an der Leine kennen lernen und besonders gut im Auge behalten werden. Bald schon wird er wissen, wo er hingehört.

erhoben wird. Die Höhe der Steuer ist von Stadt zu Stadt verschieden, in manchen Gemeinden gibt es überhaupt keine Hundesteuer. Ist sie offiziell erhoben, ist jeder Hundehalter verpflichtet, seinen Hund bei der Stadt anzumelden und einmal jährlich Hundesteuern für ihn zu zahlen. Daraufhin erhält man eine so genannte Steuermarke, die am Halsband des Hundes zu befestigen ist. Darüber hinaus gibt es spezielle Verordnungen, in denen die Rechte und Pflichten rund um die Hundehaltung geregelt sind. Diese unterscheiden sich je nach Bundesland und Stadt. Nähere Informationen zu den Verordnungen in Ihrer Region finden Sie im Internet unter www.mypetstop.com und in diesem Buch ab Seite 87.

Leinen los!

Einen Hund im Stadtverkehr anzuleinen ist selbstverständlich. Im Wald müssen Hunde zwar im

Rechte & Pflichten

HUNDE MÜSSEN REGELN LERNEN!

Einflussbereich des Besitzers bleiben, aber dabei nicht generell angeleint sein. Einen allgemeinen Leinenzwang gibt es nicht. Hunde dürfen, sofern sie zuverlässig auf Hörzeichen reagieren und sicher gehorchen, frei laufen. Für bestimmte Bereiche wie Parkanlagen, Erholungsgebiete oder Waldstücke kann von der Stadt oder Gemeinde allerdings ein Leinenzwang verordnet werden. Entsprechende Hinweisschilder machen im Zweifelsfall darauf aufmerksam. Ein genereller Leinenzwang würde gegen das Tierschutzgesetz §2, Ziffer 2 verstoßen. Hier steht, dass derjenige, der ein Tier betreut oder zu betreuen hat, die Möglichkeit des Tieres zu artgemäßer Bewegung nicht so einschränken darf, dass ihm Schmerzen oder vermeidbare Leiden oder Schäden zugefügt werden. Wobei der Begriff Leiden nicht allein im körperlichen, sondern auch im psychischen Sinne betrachtet werden muss. Einen Hund ausschließlich an der Leine zu führen, ist nicht artgerecht und auf Dauer Tier-

RECHTE & PFLICHTEN

quälerei. Hunde in bestimmten Situationen vorübergehend anzuleinen, zum Beispiel in der Nähe von Kinderspielplätzen oder beim Spaziergang in Naturschutzgebieten, ist dagegen nicht nur vertretbar, sondern auch sinnvoll.

Wir müssen draußen bleiben! – Einkauf & Ausgehen mit Hund

Jeder Hund sollte es können, aber nicht unbedingt regelmäßig müssen: Einkaufen und Ausgehen in der Stadt. Sinnvoll ist es, einen Hund bereits im Welpenalter mit diesen Situationen zu konfrontieren. Auch später sollte er ab und zu in die Fußgängerzone oder in eine Kneipe mitgenommen werden. Nur zu Übungszwecken. So gewöhnt er sich an die Situation und ist nicht völlig überfordert, wenn er im »Ernstfall« doch mal mit ins Kaufhaus oder Restaurant muss. Ansonsten ist es besser, den Hund bei rein »menschlichen Vergnügen« wie Museum, Theater, Kino, Kneipe oder Einkaufsbummel zu Hause zu lassen. Oder – sofern die Außentemperaturen es zulassen – im Auto. Denn ein langer Samstag in der City bedeutet für Hunde ebenso viel Stress wie ein lautes, verräuchertes Restaurant. Ein generelles Mitnahmeverbot von Hunden in Gaststätten, Restaurants, Bars und Kneipen gibt es nicht. Der Inhaber kann frei entscheiden, ob Hunde willkommen sind oder nicht. Anders ist dies in Lebensmittelgeschäften. Hier müssen Hunde grundsätzlich draußen bleiben.
Nichts spricht aber dagegen, auf dem morgendlichen Spaziergang mit dem Hund kurz beim Bäcker reinzuschauen oder im Supermarkt einen Liter Milch zu holen. Die paar Minuten kann man den Vierbeiner bedenkenlos vor dem Geschäft warten lassen.

Tierhaftpflicht

Für jeden Hund, ganz gleich wie groß oder klein, sollte vom Halter eine Haftpflichtversicherung abgeschlossen werden. Denn ein Hundehalter haftet immer und in unbegrenzter Höhe für das Handeln seines Vierbeiners, auch wenn ihn eigentlich keine Schuld trifft. Also auch, wenn der Hund von einem Fremden provoziert wird und daraufhin dessen Hosenbein zerreißt. Man spricht daher von einer »Gefährdungshaftung«. Bei Katzen und kleinen Haustieren wie Kaninchen tritt im Schadensfall die Personenhaftpflichtversicherung des Tierhalters in Kraft. Bei Hunden ist dies nicht der Fall. Hier muss eine Hundehaftpflichtversicherung abgeschlossen werden. Die Versiche-

Rechte & Pflichten

rungsprämie für einen Hund beträgt rund € 76,70 im Jahr.

Krankenversicherung

Für Hunde werden private Krankenversicherungen angeboten, sofern die Tiere nicht älter als fünf oder sechs Jahre und gesund sind. Den meisten Versicherungen reicht die Aussage der Halter, dass ihr Hund gesund ist. Stellt sich im Nachhinein heraus, dass zum Zeitpunkt des Vertragsabschlusses entgegen den gemachten Angaben doch Krankheiten bestanden, wird der Versicherungsschutz ungültig. Sicherheitshalber sollte man sich daher, auch wenn dies von der Versicherung nicht explizit gefordert wird, den Gesundheitsstatus des Tieres vom behandelnden Tierarzt attestieren lassen. Die Jahresbeiträge richten sich nach den gewünschten Leistungen, die je nach Vertrag und Versicherung sehr unterschiedlich ausfallen. Prämien liegen zwischen € 128 und € 1.023 pro Jahr. Die Übernahme gängiger Kosten, zum Beispiel für Impfungen, Entwurmungen oder Anti-Floh-Medikamente, wird von den Versicherungen sehr unterschiedlich gehandhabt. Dringend verglichen werden sollte außerdem die Höhe der vertraglich eingeräumten Selbstbeteiligung. Stiftung Warentest ist zu dem Schluss gekommen, dass es sinnvoller sein kann, für anstehende Tierarztrechnungen regelmäßig Geld zurückzulegen als eine Krankenversicherung fürs Tier abzuschließen. Eine Operationskosten-Versicherung dagegen wird als sinnvoll angesehen. Informationen und Angebote gibt es unter anderem bei:

▸ Agila Haustier-Krankenversicherungs AG, Breite Str. 6-8, 30159 Hannover, Service-Tel. 0511-303 23 45, Fax 0511-303 22 34.

▸ Uelzener Versicherungen, Postfach 2163, 29511 Uelzen, Tel. 0581-807 00, Fax 0581-807 02 48.

MIT SICHERHEIT GUT DRAUF

RECHTE & PFLICHTEN

▸ Delfin Allgemeine Versicherungs AG, Ludwig-Erhard-Allee 1, 53175 Bonn, Tel. 0180-223 47 47.

Lebensversicherung

Einige Versicherungen bieten auch Lebensversicherungen für Haustiere an. Die jährlichen Prämien belaufen sich auf etwa 10 Prozent des materiellen Wertes des Tieres. In Kraft tritt die Versicherung bei natürlichem Tod, Tod durch Krankheit oder Unfall sowie bei einer vom Tierarzt angeratenen Einschläferung. Ergänzend kann vereinbart werden, dass auch die »Unbrauchbarkeit« eines Tieres versichert wird. Sinn macht das alles nur, wenn der Nutz- oder materielle Wert enorm hoch ist, etwa bei besonders herausragenden Zuchthunden. Den ideellen Wert eines Hundes kann ohnehin kein Geld der Welt ersetzen.

Verloren, gesucht, gefunden!

Um Hunde eindeutig zu kennzeichnen, wurde ihnen bis vor wenigen Jahren eine Kombination aus Zahlen und Buchstaben ins Ohr tätowiert. Hierfür musste der Hund narkotisiert werden. Heute kann ein Tier ohne Narkose gekennzeichnet werden: per Mikrochip. Reiskornklein wird dieser auf der linken Halsseite unter die Haut gespritzt. Dort kapselt er sich gefahrlos ab und kann ein Leben lang von genormten Lesegeräten identifiziert werden – weltweit, da die meisten Tierheime und -ärzte über solch ein Lesegerät verfügen. Kostenpunkt für das Kennzeichnen per Mikrochip: rund € 25,60-30,70, für eine Tätowierung inklusive Narkose rund € 40,90-51,10. Viele Hunde werden allerdings bereits als Welpe tätowiert oder gechipt, sodass sie bereits markiert in ihr neues Zuhause kommen. Dann muss der Hund nur noch bei einem zentralen Haustierregister angemeldet werden – Voraussetzung dafür, dass ein Hund anhand seiner Kennzeichnung identifiziert werden kann. Ist der Hund verloren gegangen, sollte man zunächst beim nächstgelegenen Tierheim nach dem »Ausreißer« fragen, erst danach Polizei, Tierarzt und Haustierregister informieren. Meist wird der vermisste Vierbeiner nach kurzer Zeit wohlbehalten zurückgemeldet.
Eine kostenlose Registrierung des Hundes ist möglich beim Zentralen Haustierregister des Deutschen Tierschutzbundes e.V., Baumschulallee 15, 53115 Bonn, Tel. 01805-23 14 14 und beim TASSO Haustierzentralregister, Frankfurter Str. 20, 65795 Hattersheim, Tel. 06190-40 88. Idealerweise sollte ein Hund bei beiden Adressen gemeldet sein.

Wir gehören zusammen

Hunde sind seit vielen tausend Jahren verlässliche Begleiter des Menschen. Bis heute übernehmen sie wichtige Aufgaben und sind unersetzlich - sowohl für den Einzelnen, als auch für die Gesellschaft. Besonders in der Stadt ist ein Leben ohne Hunde undenkbar. Denn, Hunde bringen Bewegung und Freude in den Alltag, sie verbinden die Menschen mit der Natur und schaffen persönliche Kontakte. Kurz: Hunde machen glücklich!

Daher unser Dank: „Wir gehören zusammen" eine Initiative von Pedigree®, dem Verband für das Deutsche Hundewesen, dem Deutschen Tierschutzbund, der Bundestierärztekammer, dem Bundesverband Praktischer Tierärzte und der Zeitschrift „Ein Herz für Tiere".

Aufkleber mit dem Motiv „Wir gehören zusammen" können kostenfrei angefordert werden unter der Pedigree®-Hotline Telefon 0 18 05 / 33 45 45 (gebührenpflichtig).

Hunde sind Freunde und Partner des Menschen

RECHTE & PFLICHTEN

REGIONALE PARAGRAFEN

Hundesteuer

Pro Jahr ist für jeden in München lebenden Hund eine Hundesteuer in Höhe von € 76,70 beim Fiskus zu entrichten. Bei so genannten »Kampfhunden« liegt der Satz wesentlich höher, nämlich bei € 613,60. Die Steuer wird jedes Jahr zum 15. Januar fällig. Neu erworbene Tiere müssen bis spätestens zwei Wochen nach der Aufnahme angemeldet werden. Zuständig hierfür ist das Kassen- und Steueramt in der Herzog-Wilhelm-Straße 11, 80331 München, Tel. 089-233-262 97. Weitere Auskünfte zur Hundesteuer erhalten Sie unter den Telefonnummern 089-233-283 66 und 233-921 97.

Außerhalb der Wohnung oder des Grundstücks darf der Hund nur mit sichtbar angelegter Steuermarke herumlaufen. Die Marke ist bei der Abmeldung des Hundes zurückzugeben. Bei Verlust können Sie gegen eine Gebühr beim Kassen- und Steueramt eine neue Marke anfordern.

Steuerfrei sind unter anderem Hunde, die für Blinde, Taube, Schwerhörige oder völlig hilflose Personen unverzichtbar sind. Es muss allerdings nachgewiesen werden, dass der Hund für den Besitzer unentbehrlich ist.

Pflichten

Hundepfoten laufen recht unbekümmert über Münchens Pflaster und Wiesen – nur ein paar Regeln sollte ihr Besitzer kennen. Um Liege- und Spielwiesen frei von Hundekot zu halten, sind sie mit grünen Pfosten gekennzeichnet. Die etwa kniehohen und mit einem durchgestrichenen Hund versehenen Pfosten zeigen an: Diese Wiese ist für Hunde tabu! Ein rundes Schild mit einem weißen, angeleinten Hund auf grünem Grund macht Herrchen

IMMER SAUBER BLEIBEN!

Rechte & Pflichten

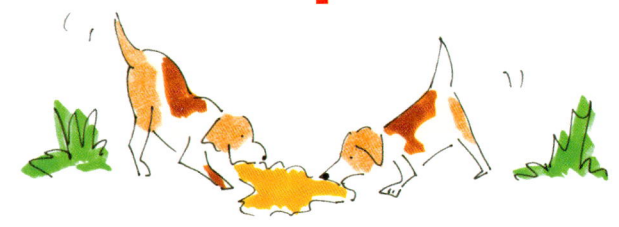

und Frauchen darauf aufmerksam, dass sie hier ihren Liebling an die Leine nehmen müssen. Das gleiche Schild, allerdings zusätzlich mit einem roten Querbalken versehen, ist immer dort aufgestellt, wo ein Gelände für Vierbeiner verboten ist, also auf Spielplätzen, in Biotopen oder Zieranlagen. In München kennt man keinen generellen Leinenzwang. Ausnahme: Hunderassen, die den so genannten Kampfhunden zugeordnet werden, müssen außerhalb des eingefriedeten Besitztums an der Leine geführt werden. Ansonsten herrscht nur in wenigen Parks Leinenpflicht, z.B. im Westpark oder im Nymphenburger Park. Beachten Sie aber bitte trotzdem, dass München eine sehr tierreiche Großstadt ist, und nehmen Sie Rücksicht auf andere Tiere – Rehen, Fasanen, Hasen, Eichhörnchen und ab und zu sogar Füchsen begegnet man im weitläufigen Grün in und um die bayrische Metropole.

»Hinterlassenschaften«

Hinterlassenschaften müssen vom Hundebesitzer stets beseitigt werden, egal ob auf einer Wiese oder dem Gehweg. Bei Unterlassung droht ein Bußgeldverfahren. Adressen von Firmen, die Geräte zur Beseitigung von Hundekot herstellen, erhalten Sie beim Referat für Gesundheit und Umweltschutz oder beim Deutschen Tierschutzbund.

»Gefährliche Hunde«

Seit es im Frühjahr 2000 in Hamburg und Nordrhein-Westfalen zu mehreren folgenschweren Unfällen mit so genannten Kampfhunden kam, wurden die Gesetze zur Haltung von gefährlichen Hunden in den meisten Bundesländern verschärft. In Bayern gilt bereits seit 1992 eine äußerst strenge Kampfhundeverordnung. Laut dieser werden bei den Rassen Pitbull, Bandog, American Staffordshire Terrier, Staffordshire Bullterrier, Tosa Inu und deren Kreuzungen Kampfhundeeigenschaften wie gesteigerte Aggressivität und Gefährlichkeit vorausgesetzt. Die Zucht und Kreuzung dieser Hunde ist verboten, bei einem Verstoß droht eine Geldbuße von bis zu € 51.130. Um die Erlaubnis zum Halten eines Kampfhunds zu bekommen, muss ein berechtigtes wirtschaftliches oder wissenschaftliches Interesse (wie beispielsweise

RECHTE & PFLICHTEN

Beobachtungen für die Verhaltensforschung) nachgewiesen werden; auch die Zuverlässigkeit des Halters wird genau überprüft. In der Praxis kommt dieser Fall jedoch fast niemals vor: In München wurde seit Inkrafttreten der Regelung 1992 keine einzige neue Erlaubnis zur Haltung eines Kampfhundes erteilt. Offiziell gibt es mittlerweile in der Landeshauptstadt nur noch drei Kampfhunde. Wer ohne Genehmigung einen Kampfhund hält, muss mit einer Strafe von bis zu € 10.230 rechnen. Von der Kampfhundeverordnung betroffen sind auch die auf der »peripheren Kampfhundliste« vermerkten Rassen Bullmastiff, Bullterrier, Dogo Argentino, Dogue de Bordeaux, Fila Brasileiro, Mastiff, Mastin Español, Mastino Napoletano, Rhodesian Ridgeback und deren Kreuzungen. Auch bei ihnen werden die typischen Kampfhunde-Eigenschaften vermutet, solange nicht durch einen Nachweis bezeugt wird, dass der betreffende Hund keine gesteigerte Aggressivität gegenüber Mensch und Tier aufweist. Hunde dieser Rassen müssen sich einem Gutachten durch einen öffentlich bestellten Sachverständigen unterziehen. Erst wenn die Ungefährlichkeit des Tiers durch ein »Negativzeugnis« bestätigt wurde, ist die Haltung erlaubt. Der Steuersatz beträgt dann – wie bei allen anderen Hunden, die nicht in die Kategorie Kampfhund fallen – € 76,70.

Im Einzelfall können auch Hunde anderer Rassen, wie Schäferhunde oder Rottweiler, als Kampfhunde eingestuft werden, wenn sie von ihren Besitzern scharf gemacht wurden. Einzelheiten erfahren Sie beim Kreisverwaltungsreferat, Hauptabt. I/112, Öffentliche Sicherheit und Ordnung, Herzog-Heinrich-Str. 22, 80336 München, Tel. 089-233-271 49 und 089-233-218 77 oder im Internet unter www.muenchen.de/ Sicherheit&Ordnung/Ordnungsamt/Gefährliche Tiere.

ZEITUNG STATT MAULKORB

RECHTE & PFLICHTEN

Rat & Hilfe

Folgende Verordnungen informieren Sie über rechtliche Details zur Hundehaltung in München:
▶ *Satzung für die Erhebung der Hundesteuer in der Landeshauptstadt München,* Hundesteuersatzung, 18. 12. 1996.
▶ *Faltblatt »Der Münchner Stadthund«, Merkblatt für Münchner Hundehalter.* Es liegt bei den Einwohnermeldeämtern aus.
▶ *»Verordnung über Hunde mit gesteigerter Aggressivität und Gefährlichkeit«,* 10. 7. 1992.
▶ *»Bekanntmachung des Bayerischen Staatsministeriums des Innern«,* 2. 7. 1992, Nr. IC2-2116.4, Themen: »Halten von Hunden«, »Halten gefährlicher Tiere« und »Zucht und Ausbildung von Kampfhunden«.

Rechtsanwaltskammer für den Oberlandesgerichtsbezirk München
Landwehrstr. 61, 80336 München, Tel. 089-53 29 44-0.
Bei der Rechtsanwaltkammer erhalten Sie nähere Informationen zu den o.g. Verordnungen und bekommen Adressen von Anwälten mit dem Schwerpunkt Mietrecht.

Mieterverein München e.V.
Sonnenstr. 10, 80331 München, Tel. 089-55 21 43-0.
Die Wohnungssuche mit Hund in München kann zum Problem werden, besonders, wenn Sie gleich zwei oder mehrere Hunde besitzen. Oft gibt es Vereinbarungen, dass in einer Mietwohnung nur ein Hund gehalten werden darf. Andere Vermieter wiederum genehmigen nur kleinere Hunde. Darüber hinaus besteht sehr häufig Leinenpflicht für Hunde in Wohngegenden. Haben Sie spezielle Fragen? Der Mieterverein informiert über die rechtliche Situation von Hundehaltern in Mietwohnungen. Allerdings müssen sie Mitglied sein. Der Jahresbeitrag liegt bei € 61,40.

Tiersuche

Wenn Sie Ihren Hund in München verloren haben, sollten Sie dies unbedingt der Polizei und dem Tierschutzverein melden. Die Vermisstenstelle des Tierschutzvereins München e.V. ist unter der Telefonnummer 089-92 10 00 22 zu erreichen.

DACKEL, DOGGE ODER DOBERMANN

*Welcher Hund passt zu mir? Und in die Stadt?
Gleich vorab: Es gibt ihn nicht, den ultimativen »Stadt-Hund«.
Und es gibt auch keine Rasse, die global und garantiert
für Familien mit Kindern, für Senioren oder für Singles
geeignet ist.*

Aber umgekehrt gilt das Gleiche – kaum eine Hunderasse kommt grundsätzlich nicht infrage. Welcher Hund letztlich »passt«, richtet sich nach vielen Faktoren: Wohnung, Wohnlage, Nachbarschaft, familiäre Situation, Freizeit, Hobbys, Alter und Temperament des Hundehalters und anderen individuellen Gegebenheiten.

Wichtige Voraussetzung: Hund und Mensch sind sich sympathisch. Einen Hund ausschließlich nach »praktischen Gesichtspunkten« auszuwählen, macht keinen Sinn. Sträflich ist es allerdings auch, sich aus »Liebe auf den ersten Blick« für einen Hund zu entscheiden, obwohl die Umstände seiner Rasse nicht gerecht werden können.

GUTMÜTIGER RIESE: BERNER SENNENHUND

Dackel, Dogge oder Dobermann

Die richtige Kombination

Bei der Frage nach der richtigen »Paarung« sind zwei Blickwinkel entscheidend: der des Hundes und der des Halters. Welche Voraussetzungen und Ansprüche bringen beide Seiten mit? Eine bewegungsfreudige Rasse wie ein Husky ist sicherlich nicht für einen Sportmuffel geeignet. Aber auch die Kombination aus Mops und leidenschaftlichem Jogger ist nicht gerade viel versprechend. Und schließlich gibt es Rassen, zum Beispiel Jagdhunde, mit denen regelmäßig »gearbeitet« werden muss, was im Stadtleben allzu oft nicht möglich ist oder aber untergeht. Eine kritische Gegenüberstellung der Voraussetzungen, Ansprüche und Vorlieben beider Seiten ist daher die Basis bei der erfolgreichen Suche nach einem geeigneten Pendant.

Wichtige Kriterien

Hier einige Anhaltspunkte und Faustregeln, die werdenden Hundehaltern darüber hinaus bei der Suche und Wahl eines passenden Tieres helfen können:

▸ Temperamentvolle Hunde mit außergewöhnlich viel Bewegungsdrang, wie zum Beispiel Windhunde, Jagdhunde oder Schlittenhunde, erfordern unbedingt folgende Voraussetzungen: ausreichend Freizeit und die Bereitschaft des Halters, seinem Hund mehrere Stunden täglich Bewegung im Freien zu verschaffen, sowie die Nähe zum Grünen.

▸ Wer sich für eine Rasse ent-

ERSTE WAHL? MEHR INFOS!

Voraussetzung für eine »glückliche Paarung« ist, dass sich werdende Hundehalter im Vorfeld genau nach Wesen, Eigenschaften und Ansprüchen ihres Favoriten erkundigen. Hier sind neben Züchtern, Tierheim und Tierarzt auch erfahrene Hundehalter geeignete Ansprechpartner. Umfassende, kompetente Informationen über einzelne Rassen gibt die Interessengemeinschaft Deutscher Hundehalter e.V., Auguststr. 5, 22085 Hamburg, Tel. 040-45 47 61. Bei der Suche nach dem »richtigen« Züchter helfen der Verband für das Deutsche Hundewesen e.V. (VDH), Westfalendamm 174, 44141 Dortmund, Tel. 0231-56 50 00 und der Pedigree-Züchterservice, Tel. 01805-30 03 01 (€ 0,12/Min.) weiter.

DACKEL, DOGGE ODER DOBERMANN

WUSCHELIGER HAUSGENOSSE AUF VIER PFOTEN

scheidet, die eine besonders aufmerksame und konsequente Erziehung benötigt, wie zum Beispiel Border Terrier, Deutscher Schäferhund oder Rottweiler, muss bereit sein, sich im Vorfeld eingehend über den Umgang mit dieser Rasse zu informieren. Außerdem muss er mit der Erziehung, das ist mindestens ebenso wichtig, stets konstant am Ball bleiben.

▶ Der Bewegungsdrang und das Temperament großer Hunde sind nicht immer proportional zur Körpergröße ausgeprägt. Große Hunde sind daher nicht grundsätzlich ungeeignet für eine Stadtwohnung. Manche großen Rassen, wie zum Beispiel der Neufundländer, sind gemütlich und genügsam. Dennoch: Ein Hund dieser Größe braucht seinen Auslauf und in jedem Fall mehr Platz als ein Yorkshire Terrier.

▶ Wohnt man im vierten Stock ohne Aufzug, sollte man keinen Hund mit langem Rücken und kurzen Beinen wie zum Beispiel einen Basset oder Dackel halten. Denn häufiges Treppensteigen kann bei diesen Hunden zu schmerzhaften Wirbelsäulenerkrankungen führen, oft sogar zu einer Lähmung, der so genannten Dackel-Lähme. Im Sinne des

Dackel, Dogge oder Dobermann

HUNDE FÜR DIE STADT

Hier ein paar Beispiele für Hunderassen, die unter verschiedenen Voraussetzungen für die Haltung in der Stadt geeignet sind. Darüber hinaus kommen noch zahlreiche andere Rassen und Mischlinge infrage, die keine überdurchschnittlichen Ansprüche an Bewegung, Wohnraum, Haltung und Erziehung haben.
Australian Terrier, Basset, Beagle, Bearded Collie, Bedlington Terrier, Cairn Terrier, Spaniel, Cardian Welsh Corgi, Chow-Chow, Cocker Spaniel, Englische Bulldogge, Eurasier, Havaneser, Kromfohrländer, Lakeland Terrier, Pudel, Schnauzer, Sheltie, Shiba Inu, Soft-Coated Wheaten Terrier, Welsh Terrier, West Highland White Terrier, Whippet.

Tierschutzes ist es in solch einem Fall also besser, eine hochbeinige Hunderasse zu wählen. Ausnahme: Der Hund wird die Treppen konsequent hochgetragen.
▶ Die Hundehaltung in der Stadt ist keine Frage des Geschlechts. Rüden sind grundsätzlich ebenso geeignet wie Hündinnen und umgekehrt. Weibliche Tiere werden zweimal im Jahr läufig, das heißt paarungsbereit. Ein Problem, das sich durch eine Kastration allerdings ohne Bedenken aus der Welt schaffen lässt (mehr zu Vor- und Nachteilen der Kastration im Kapitel »Gesund & Munter«). Aber auch wer einen Rüden hält, hat in dieser Zeit seine Sorgen und muss streng darauf achten, dass sein Tier nicht auf Brautschau geht und unerwünschten Nachwuchs zeugt.

▶ Sinnvoll ist es, bei der Wahl des Vierbeiners auch die Bedürfnisse des unmittelbaren nachbarschaftlichen Umfeldes zu berücksichtigen. In einer Straße, in der viele Kinder leben, fördert ein kinderfreundlicher Hund das Entgegenkommen und Verständnis der Nachbarschaft. Und im Interesse einer Hausgemeinschaft zum Beispiel sollte ein Mischling aus dem Tierheim, der laut Vorbesitzer ein »Kläffer« ist, wirklich nur dann ausgewählt werden, wenn er selten allein zu Hause bleiben muss.
▶ Nicht zuletzt sind noch zwei weitere Kriterien entscheidend: die bereits vorhandene Erfahrung in puncto Hundehaltung sowie die eigene Persönlichkeit. Ein »jungfräulicher« Hundehalter oder einer, der weiß, dass Konsequenz nicht gerade zu seinen Stärken

DACKEL, DOGGE ODER DOBERMANN

zählt, sollte keine Rasse wählen, die dazu neigt, die Rudelführung zu übernehmen. Rottweiler und Pyrenäen-Schäferhund sind zum Beispiel solche Vertreter, die ihrem Herrchen und Frauchen auf der Nase herumtanzen, sobald diese fünfe gerade sein lassen. In erfahrenen, konsequenten Händen sind diese beiden Rassen dagegen wache und verlässliche Begleiter.

Kind & Hund

Bei der Frage, ob ein Hund kinderfreundlich ist oder nicht, kommt es oft gar nicht so sehr auf die Rasse an. Entscheidend ist vielmehr, dass der Hund entsprechend »sozialisiert« wurde und bereits von Welpenpfoten an mit Kindern vertraut ist. Familien mit Kindern sollten daher einen bereits kindererfahrenen Hund suchen oder aber einen Welpen, der schon beim Züchter in der so genannten Prägungsphase von der 4. bis 7. Lebenswoche positiven Kontakt zu Kindern hatte. Unabhängig davon ist aber immer auch der individuelle Charakter eines Hundes zu berücksichtigen. Ein sensibles Tier, das bereits beim Züchter im Rahmen der Prägung überdurchschnittlich verstört auf Lärm, hektische Bewegungen und hohe Stimmen reagiert, ist für ein Umfeld mit Kindern nicht geschaffen. Man sollte hier wirklich auf Nummer sicher gehen. Egal, ob man sich für einen Welpen oder einen älteren Hund interessiert – vor dem Kauf sollte geklärt sein, inwieweit der Hund »kinderfest« ist. Sicher hat es Vorteile, einen Welpen zu suchen, der von

KINDERFREUNDE – VON WELPENPFOTEN AN

DACKEL, DOGGE ODER DOBERMANN

klein auf in das Familienleben reinwachsen kann. Zu bedenken ist allerdings, dass die Erziehung eines Welpen Zeit in Anspruch nimmt. Ein Kinder liebender, bereits stubenreiner und erzogener Senior hat also auch seine Vorteile. Ob als Welpe oder Oldie, ganz gleich, wo ein Hund herkommt und wie gut er sozialisiert ist – lebt er in einer Familie mit Kindern, muss er von Anfang an konsequent in seine Grenzen verwiesen und auf der niedrigsten Position im (Familien-) Rudel gehalten werden. Dies ist keineswegs eine Qual für den Hund – im Gegenteil: In der Gewissheit, dass er rangniedrig ist und sich um nichts sorgen muss, fühlt er sich geborgen und verlässt sich friedlich auf die Rudelführung, seine Familie.

Senioren & Hund

So wie Hund nicht gleich Hund ist, ist Senior auch nicht gleich Senior. Der eine liebt stramme Spaziergänge, der andere setzt sich nach 20 Minuten lieber genüsslich auf die Parkbank, um sich das bunte Treiben in Ruhe anzusehen. Der eine lebt im Wohnheim, mitten im Park, der andere muss mit dem Bus ein paar Stationen fahren, um ins Grüne zu kommen. So unterschiedlich die Senioren und ihre Voraussetzungen, so unterschiedlich auch die Hundetypen, die an ihrer Seite vorstellbar sind. In den meisten Fällen eignen sich kleine Hunde,

KINDERFREUNDLICHE HUNDE

Hier ein paar Beispiele für Hunderassen, die unter den oben genannten Voraussetzungen kinderfreundlich sind und auch mal einen Knuff mehr vertragen. Natürlich sind auch andere Rasse- und Mischlingshunde geeignet, die ein vergleichbares Gemüt und Wesen haben.
Airedale Terrier, Beagle, Bearded Collie, Berner Sennenhund, Bobtail, Cairn Terrier, Collie, Dalmatiner, Eurasier, Golden Retriever, Jack Russel Terrier, Labrador Retriever, Mittelschnauzer, Neufundländer, Pudel, Rauhaardackel, Sheltie, West Highland Terrier.

DACKEL, DOGGE ODER DOBERMANN

HUNDE FÜR SENIOREN

Hier ein paar Beispiele für Hunderassen, die unter den unten genannten Voraussetzungen für Senioren geeignet sind, so wie jeder andere kleinere Hund, der keinen überdurchschnittlichen Anspruch an seine Haltung stellt.

Mops, Dackel, Französische Bulldogge, Spitz, Zwergschnauzer, Pudel, Yorkshire Terrier, Pinscher, Tibet Terrier, West Highland White Terrier, Malteser, Pekinese, Lhasa Apso.

die ihr Frauchen oder Herrchen im Rahmen einer überschwänglichen Begrüßung nicht gleich umwerfen, die in Bus und Bahn bequem mitfahren können und für deren Ernährung das Hundefutter nicht gleich palettenweise die Treppen hochgeschafft werden muss. Ansonsten spricht bei rüstigen älteren Menschen aber auch nichts gegen einen mittelgroßen Hund. Wichtig ist vor allem, dass sich die beiden gut verstehen und der Hund den Bedürfnissen des älteren Menschen gerecht wird – und umgekehrt.

Wenn der Hund sein Herrchen »überlebt«

Besonders für alte Menschen kann das Zusammenleben mit einem Hund von großer Bedeutung sein. Viele Senioren haben allerdings die Sorge, der Hund könne sie überleben und sei dann herrenlos. Hier gibt es gleich zwei Lösungsmöglichkeiten. Die eine ist der »Freundeskreis betagter Tierhalter« des Bundesverbandes Tierschutz e.V., Walpurgisstr. 40, 47441 Moers, Tel. 02841-252 44. Dieser nimmt im Krankheits- oder Todesfall des Mitglieds dessen Hund vorübergehend auf und vermittelt ihn in gute Hände. Ein Mitgliedsbeitrag in beliebiger Höhe ist freigestellt. Einen ähnlichen Service in Form einer »Tiervorsorgevollmacht« bietet der Verein »Leben mit Tieren«, Teltowkanalstr. 1, 12247 Berlin, Tel. 030-76 94 10 92. Weitere Infos gibt es bei »Tiere helfen Menschen«, Münchener Str. 14, 97204 Höchberg, Tel. 0931-488 55.

Dackel, Dogge oder Dobermann

Hund gesucht!

Hundezüchter

Verband für das Deutsche Hundewesen (VDH), Landesverband Bayern
www.vdh.de, Thorwaldsenstr. 29, 80335 München, Tel. 089-123 42 24, Hans Wiblishauser.
Der VDH hilft Ihnen gern bei der Suche nach Züchtern aller Hunderassen in der Nähe Ihres Wohnortes.

Allgemeiner Deutscher Pudelklub
Lothstr. 90, 80797 München, Tel. 089-18 66 52, Frau Eckstein.
Frau Eckstein informiert Sie über Klein-, Mittel- und Großpudel in allen Farbschlägen und nennt Ihnen auch Pudelzüchter.

Bayerischer Dachshundeklub e.V.
Ballaufstr. 2, 81735 München, Tel. 089-680 60 27, Herr u. Frau Fichtl.
Dackel-Freunde können hier nachfragen, wo es aktuelle Würfe in der Region gibt.

DA FÄLLT DIE WAHL SCHWER!

[Dackel, Dogge oder Dobermann

Veronika Holzner
Ehrenpreisstr. 14, 80689 München, Tel. 089-70 57 54.
Lieben Sie Golden Retriever? Frau Holzner berät Sie gern, wenn Sie sich einen Hund dieser Rasse anschaffen wollen. Sie nennt Ihnen auch die Adressen von Züchtern in der Nähe Ihres Wohnorts.

Johanna Winkler
Pappelstr. 22, 82194 Gröbenzell, Tel. 08142-508 50.
Sie müssen nicht gleich nach Tibet fahren, um sich einen tibetischen Hund anzuschaffen. Züchter in Ihrer Nähe von Tibet Terriern, Lhasa Apsos, Tibet Spaniels und Tibet Mastiffs nennt Ihnen Frau Winkler.

Jagdspaniel-Klub e.V.
Wallbergstr. 21, 82110 Germering, Tel. 089-841 20 38, Lothar Koch.
Haben Sie sich in Spaniels verguckt? Herr Koch ist spezialisiert auf alle Spaniels (Ausnahme: American Cocker Spaniel). Die Adressen von Züchtern des Spaniels Ihrer Wahl gibt er Ihnen genauso gern wie Tipps zur Haltung.

Klub für Terrier
Hainbuchenstr. 18, 82024 Taufkirchen, Tel. 089-612 39 65, Frau Seibert.
Ob Bedlington Terrier, Parson Jack Russel Terrier oder West Highland White Terrier: Frau Seibert nennt Ihnen Züchter von englischen, schottischen, irischen und australischen Terriern. Außerdem sind Sie bei folgenden Züchtern gut beraten, wenn Sie einen Welpen suchen:

▶ **Marianne u. Annegret Russ**
Tel. 089-150 44 96. Bernhardiner.
▶ **Michael Abelski** *(vereidigter Sachverständiger für das Verhalten von Hunden) Tel. 089-74 66 53 19.* Bullterrier.
▶ **Dorothea Gräfin von Matuschka**
Tel. 08104-66 61 11.
Entlebucher Sennenhund.
▶ **Anneliese Maier**
Tel. 08082-12 14. Deutsche Dogge.
▶ **Isolde Kohle-Brusis**
Guckenbühl 25, 85298 Scheyern, Tel. 08441-36 80. Shar-Pei.
▶ **Jakob Pribil**
Im Schelmen 1, 87668 Rieden, Tel. 08346-637. Saluki.
▶ **Jytte Röschke**
Hagarding 4, 84155 Bodenkirchen, Tel. 08745- 91 94 02. Shiba Inu, Japan-Spitz.
▶ **Josef Schwarz**
Meierhofstr. 36, 86473 Ziemetshausen, Tel. 08284- 614.
Entlebucher Sennenhund.
▶ **Lorenz Strobl**
Dornbergstr. 11, 84513 Töging, Tel. 08631-981 89. Deutscher Schäferhund.

Wenn's um den Hund geht:

- ca. 650.000 Mitglieder sind in den 160 Mitgliedsvereinen des Verbandes organisiert

- die VDH-Mitgliedsvereine unterhalten mehr als 5.000 Übungsplätze in Deutschland und bieten Hundesport an

- über 250 verschiedene Hunderassen werden in den Zuchtvereinen des VDH betreut und unter strengsten Kontrollen gezüchtet

- mehrere tausend qualifizierte Ausbilder bieten in allen Bundesländern Kurse zum »VDH-Hundeführerschein«

Alle Informationen und Anschriften gibt es bei **der Adresse** in Deutschland – wenn's um den Hund geht:

Verband für das Deutsche Hundewesen (VDH) e.V.
Westfalendamm 174
44141 Dortmund
Telefon (02 31) 5 35 00-0
Fax (02 31) 59 24 40
E-Mail: info@vdh.de
www.vdh.de

...wenn's um den Hund geht **VDH**

Dackel, Dogge oder Dobermann

Tiervermittlung

Fernsehsendung »Zeit für Tiere«
www.br-online.de/wissenschaft/ tiersendungen/vermittlungen, BR 3, einmal pro Monat, Sendezeit Mo 19-19.30 Uhr.
Jeweils ein Tierheim aus Bayern erhält hier die Gelegenheit, seine Schützlinge im Fernsehen vorzustellen. Wenn Sie sich in einen der Hunde verliebt haben, können Sie sich direkt mit dem Tierheim in Verbindung setzen: Die Telefonnummer wird eingeblendet.

Liga gegen Tierversuche und Tierquälerei e.V.
Paul-Hösch-Str. 44, 81243 München, Tel. 089-820 41 03, Tel. 089-820 41 03, Frau Wirstle.
Bei Frau Wirstle erhalten Sie Hilfe bei der Wahl eines Tieres und ehrliche Auskünfte über die jeweiligen Hunde. Die Tiere der Liga leben bis zur Vermittlung in der Regel nicht in einem Heim, sondern bei Tierfreunden. Nicht selten findet man hier auch katzenfreundliche Hunde.

Tierschutzverein München e.V.
Riemer Str. 270, 81829 München, Tel. 089-912 00 00.
Sie möchten gerne einem »Hund aus zweiter Hand« ein Zuhause geben? Dann finden Sie unter den Hunden im Tierheim sicher den richtigen Vierbeiner. Ein Hinweis: Wenn Sie einen Hund bei sich aufnehmen möchten, nehmen Sie bitte gleich Ihren Personalausweis sowie eine Einverständniserklärung Ihres Vermieters mit. Kosten: Spende von € 77 bis 102 (für Unkosten, z.B. Impfungen). Besuchszeiten/Tiervermittlung: Mi-So, 13-16 Uhr. Geschäftszeiten: Mo-Fr 9-12 u. 13-16 Uhr.

Hundeausstellung

Internationale Rassehundeausstellung München
Olympiahalle, Spiridon-Louis-Ring 21, 80809 München.
Alljährlich findet im Frühjahr in der Olympiahalle die Internationale Rassehundeausstellung statt. Bei der Veranstaltung erhalten Sie Infos zu einzelnen Rassen und können Kontakte zu Züchtern und Klubs knüpfen. Einen Hund kaufen können Sie hier allerdings nicht. Sollten Sie schon einen Hund besitzen, darf er Sie gegen Vorlage des gültigen Impfpasses begleiten. Der Eintritt kostet € 8 (ermäßigt € 6) und für den Hund € 2,50. Den genauen Termin erfahren Sie aus der Tagespresse oder über den VDH (siehe S. 98).

HUNDEFREUNDLICHE ADRESSEN VOR ORT

Eines haben Stadthunde – und natürlich deren Besitzer – ihren Artgenossen vom Lande auf jeden Fall voraus: ein breites Angebot, wenn's um Serviceleistungen für Hund und Halter geht. Das macht das Leben in der Stadt für Tier und Mensch natürlich noch angenehmer ...

FÜR DAS WOHL DES STADTHUNDES IST GESORGT

HUNDEFREUNDLICHE ADRESSEN

ADRESSEN RUND UM DEN HUND

Hotels

Arabella Sheraton Bogenhausen
Arabellastr. 5, 81925 München, Tel. 089-92 32-0, Fax 089-92 93-44 49.
Zuschlag für Hunde: Kleine Rassen € 7,70, große Rassen € 15,30 pro Tag. Gassimöglichkeit: Englischer Garten. Ganz in der Nähe finden Sie einen Supermarkt, der Hundefutter führt.

Bavaria Hotel
Gollierstr. 9, 80339 München, Tel. 089-508 07 90, Fax 089-502 68 56.
Das 100-Betten-Hotel liegt ca. einen Kilometer vom Hauptbahnhof entfernt. Für Hunde wird ein Zuschlag von € 5/Tag fällig. Zum Gassigehen geht's auf die Theresienwiese.

Hotel Mariahilf
Lilienstr. 83, 81669 München, Tel. 089-45 99 53-0, Fax 089-45 99 53 53.
»Boomer«, »Rex« oder »Lassie«: Je nach Menüwahl kostet das Futter für Ihren Hund € 5,10 bis € 18,40 pro Tag – plus € 2,60 Hundezuschlag. Kampfhunde nicht erlaubt. Gassimöglichkeit: Isar.

Hotel Nymphenburg
Nymphenburger Str. 141, 80636 München, Tel. 089-12 15 97-0, Fax 089-18 25 40.
Hunde wohnen kostenlos. Gassimöglichkeit: z.B. Olympiapark. 3-Sterne-Hotel mit 44 Zimmern und Appartements.

Hotel Torbräu
Tal 41, 80331 München, Tel. 089-24 23 40, Fax 089-24 23 42 35.
Der Zuschlag für Hunde beträgt € 2,60 pro Tag. Die Vierbeiner sind – trotz des noblen Ambientes – herzlich willkommen. Ideal zum Gassigehen sind die Isar und auch der nahe Englische Garten.

Seibel's Park-Hotel
Maria-Eich-Str. 32, 81243 München, Tel. 089-82 99 52-0, Fax 089-82 99 52-99.
€ 5,10 pro Tag müssen Hundebesitzer für ihren Liebling zusätzlich bezahlen. Zum Gassigehen bietet sich der Pasinger Stadtpark an.

Servicehunde

Deutscher Verein für Blindenführhunde und Mobilitätshilfen DVBM e.V.
Pidinger Str. 10, 81379 München, Tel. 089-784 97 55, Fax 089-784 97 55.
Bei dieser Kontaktadresse bekommen Sie Antworten auf sämtliche Fragen rund um das Thema Blindenführhunde. Der Verein hilft außerdem bei der Vermittlung eines solchen Führhundes.

Blindenbund Bayern e.V.
Burgschmiedstr. 37, 90419 Nürnberg, Tel. 0911-35 41 81.
Auf der Suche nach einem Blindenführhund kann man sich auch

HUNDEFREUNDLICHE ADRESSEN

an den Blindenbund Bayern wenden. Dieser steht in Kontakt zu Hundeschulen, die Blindenhunde ausbilden, und hilft auch bei der Auswahl eines geeigneten Tieres.

Rettungshundestaffel Oberbayern e.V.
Königsberger Str. 21, 85748 Garching, Tel. 089-320 22 33, Fax 089-320 22 33, Frau Poschenrieder.
Falls Sie daran interessiert sind, Ihren Hund zum Rettungshund ausbilden zu lassen, oder wenn Sie Fragen zum Rettungshundewesen haben, dann wenden Sie sich unter der angegebenen Adresse bzw. Telefonnummer an die Rettungshundestaffel Oberbayern.

SWSD Sicherheitsdienst Kraus
Gartenstr. 3, 85609 Aschheim, Tel. 089-903 44 77.
Die Firma hilft Ihnen u.a., wenn Sie einen Diensthund für Wach- und Sicherungsaufgaben – einen Wachhund – benötigen. Diese Hunde werden jedoch nur mit Hundeführer vermittelt.

Hundesalons & -zubehör

Futterhäus'l
Murnauer Str. 265, 81379 München, Tel. 089-78 58 79 73.
Es gibt kein schlechtes Wetter – nur die falsche Kleidung. Hier erhalten Sie für sich und Ihren Hund Regenmäntel und wärmende Capes. Und wenn Sie Ihrem Hund sanfte Träume gönnen möchten, können Sie ihn auf ein Dinkelkissen betten, das ebenfalls hier erhältlich ist.

Hundesalon Peter's
Volkartstr. 59, 80636 München, Tel. 089-129 37 40, Frau Priester.
Frau Priester pflegt und schert alle Rassen und bevorzugt es, wenn die Besitzer bei der Verschönerung dabeibleiben. Zubehör wie Regenmäntel für Hunde oder Leinen können Sie hier auch erstehen. Das Baden und Scheren eines kleinen Pudels kostet € 35,80. Geöffnet: Mo-Fr 10-18.30, Sa 9.30-13 Uhr.

Hundesalon Sissy
Landsberger Str. 437, 81241 München, Tel. 089-88 40 62.
Angeboten werden Trimmen per Hand, Scheren und Baden. Die Kunden des Hundesalons Sissy sind meist Terrier, aufgenommen werden aber alle Rassen. Herrchen und Frauchen dürfen während der Pflege gern dabeibleiben und können sich hinterher noch mit Pflegeartikeln für Ihren Liebling eindecken. Das Baden und Scheren eines Pudels kostet € 41. Öffnungszeiten: Mo, Mi, Do, Sa, 8.30-12.30 Uhr. Termine n.V.

Hundefotografie

Tierfotografie Ulrike Kment
Wilhelmstr. 8, 80801 München, Tel. 089-39 02 05, Fax 089-33 46 07.
Ob in Farbe oder Schwarz-Weiß, in freier Natur oder im Studio – Frau Kment fotografiert Ihren

HUNDEFREUNDLICHE ADRESSEN

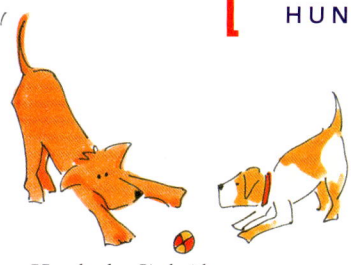

Hund oder Sie beide zusammen. Spezielle Wünsche werden dabei natürlich berücksichtigt. Der Preis richtet sich nach dem Aufwand: Es geht bei € 107 los.

Altenheime

Hundebesitzer, die mit ihrem vierbeinigen Lebensgefährten in ein Seniorenheim ziehen wollen, finden in der Broschüre »Ein Plädoyer für die Tierhaltung in Alten- und Pflegeheimen« nützliche Informationen. Sie ist kostenlos beim »Forschungskreis Heimtiere in der Gesellschaft«, Postfach 130346, 20103 Hamburg, Tel. 040-41 70 61, Fax 040-44 08 94 zu beziehen. In den folgenden Altenheimen und Wohnstiften ist Hundehaltung nach vorheriger Absprache mit der Heimleitung erlaubt, wenn der Hund der Wohnungsgröße entspricht und friedlich ist. Sie müssen jedoch in der Lage sein, den Hund selbst zu betreuen.

▶ **Wohnstift Augustinum München Neufriedenheim,** Stiftsbogen 74, 81375 München, Tel. 089-70 96-0, Fax 089-70 96-19 89.
▶ **Wohnstift Augustinum Nord,** Weitlstr. 66, 80935 München, Tel. 38 58 60 01, Fax 089-38 58-20 03.
▶ **Seniorenwohnheim Nymphenburg,** Menzinger Str. 1, Tel. 089-17 91 94-0, Fax 089-17 91 94 94.
▶ **Stift Brunneck,** Cramer-Klett-Str. 1 (Altenwohnstift), 85521 Ottobrunn, Tel. 089-600 14-0, Fax 089-600 14-913. Auch in allen anderen Häusern des Trägers »Kuratorium Wohnen im Alter« im Umkreis Münchens ist das Halten von Hunden nach Absprache erlaubt.
▶ **Margarethe-von-Siemens-Haus,** Heiglhofstr. 54, 81377 München, Tel. 089-74 15 50-0.
▶ **Altenheim an der Tauernstraße,** Tauernstr. 11, 81547 München, Tel. 089-642 55-0. Hunde sind auch in den meisten anderen Häusern der Münchenstift gGmbH willkommen. Die Zentralverwaltung sitzt in der Severinstr. 2, 81541 München, Tel. 089-620 20-300.

In vielen Altenheimen werden vornehmlich Pflegefälle betreut. Den Heimbewohnern ist es kaum möglich, einen eigenen Hund zu halten, da sie ihn nicht selbst versorgen können. Besuchshunde sind aber gern gesehene und geschätzte Gäste. Einige dieser Altenheime, darunter die unten angeführten, besucht der Tierschutzverein deshalb regelmäßig mit Hunden aus dem Tierheim.

▶ **Altenheim Hl. Geist,** Dom-Pedro-Platz 6, 80637 München, Tel. 089-15 70 90.
▶ **Altenheim an der Effnerstraße,** Effnerstr. 76, 81925 München, Tel. 089-998 33-0.

HUNDEFREUNDLICHE ADRESSEN

Abschied vom Hund

Krematorium Tiertrauer, Gesellschaft für Tierverbrennung und -bestattung GmbH,
Riemer Str. 268, 81829 München, Tel. 089-94 55 37-0 u. 94 55 37-22
Das Krematorium übernimmt die Einäscherung Ihres verstorbenen Hundes. Bei Einzelverbrennung können Sie die Asche des Tieres in einer von Ihnen – aus einer großen Angebotspalette – ausgesuchten Urne aufbewahren. Die Einäscherung kostet bei einem mittelgroßen Hund und sechseckiger Kartonurne € 199,40, eine Sammeleinäscherung € 112,50.

WENN DER HUND STIRBT

Ein Hund ist ein guter Freund, enger Gefährte und Vertrauter. Um so bedrückender ist es, wenn das Tier schwer krank oder altersschwach wird oder gar verunglückt. Manchmal muss es dann, damit es nicht unnötig leidet, eingeschläfert werden. Kompetente Ansprechpartner sind hier der behandelnde Tierarzt und sein Praxisteam. Sie stehen ratlosen und trauernden Hundehaltern verständnisvoll zur Seite. Auch nach dem Tod des Tieres.
Ist ein Hund gestorben, muss sein toter Körper nach seuchenhygienischen Vorschriften vergraben oder verbrannt werden. Eine Möglichkeit ist, dass sich der Tierarzt des toten Tieres annimmt. Er sorgt dann dafür, dass der Leichnam des Hundes in eine Tierkörperbeseitigungsanstalt gebracht wird. Der Halter hat aber auch die Möglichkeit, selbst die Verantwortung dafür zu übernehmen, dass der verstorbene Hund nach gesetzlichen Vorschriften bestattet oder verbrannt wird. Wer ein eigenes Grundstück hat, kann sein Tier dort beerdigen. Vorausgesetzt, das Grundstück liegt nicht in einem Wasserschutzgebiet und das Grab befindet sich in einem ausreichenden Abstand zu öffentlichen Wegen und mindestens 50 cm unter der Erdoberfläche. In Parks, öffentlichen Grünanlagen oder im Wald dürfen Tiere nicht beerdigt werden. Wer in der Stadt wohnt und kein eigenes Grundstück besitzt, kann hier das Angebot von Tierfriedhöfen oder Tierkrematorien in Anspruch nehmen.

HUNDEFREUNDLICHE ADRESSEN

HILFE UND TROST BEIM TOD EINES TIERES

Kaum eine Situation geht einem Hundefreund so sehr an Herz und Nieren, wie der (bevorstehende) Tod seines Tieres. Antworten auf alle Fragen zum Thema Tod gibt der einfühlsame Ratgeber »Der Tod eines Tieres« der Waltham-Tierärzteberatung.
Besonders schwer tun sich Kinder mit dem Tod ihres Lieblings, vor allem dann, wenn sie zum ersten Mal mit dem Thema »Sterben« konfrontiert werden. Wenn ein Kind verzweifelt um seinen Hund trauert, steht die Familie der Situation oft hilf- und ratlos gegenüber. Toller Begleiter in der schwierigen Situation: das neue Bilderbuch »Baffy«, das sich mit einfachen, einfühlsamen Bildern und Texten des Themas annimmt. Am Beispiel vom kleinen Benny und seinem Hund Baffy erfahren Kinder, dass Trauer etwas Wichtiges und ganz Natürliches ist – und, dass man irgendwann auch wieder lachen kann. Eltern erhalten darüber hinaus Hinweise, wie sie ihrem Kind helfen können, den Verlust des vierbeinigen Freundes zu verarbeiten.

Das Kinderbuch »Baffy«, herausgegeben vom Forschungskreis Heimtiere in der Gesellschaft, und die Broschüre »Tod eines Tieres« können kostenlos angefordert werden bei der Pedigree-Hotline, Tel. 01805-33 45 45 (€ 0,12/Min., Stand 07/2001).

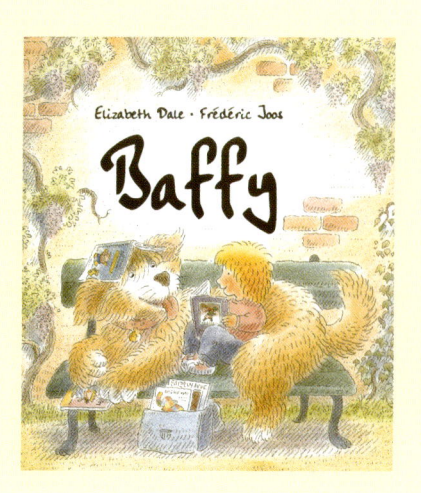

Mehr Infos, mehr News, exklusive Reportagen

Partner HUND

www.partner-hund.de

Nr. 9/September 2001

DIE WOODHOUSE-METHODE
Erziehung aus dem Handgelenk

EXPERTENTIPPS
Das richtige Spielzeug für Ihren Hund

GESUNDHEIT
Mein Hund leckt sich wund

IM PORTRAIT
Der Landseer

REPORTAGE
Kindergarten eines Polizeihundes

Extra Jugendmagazin plus Poster!

Jetzt im Handel
Partner Hund Partner Hund. Europas größtes Hundemagazin

INDEX

Abschied vom Hund 106
ADAC **47**, 50
Agility 33, **36-39**
Allgemeiner Deutscher Fahrradclub 49
Allgemeiner Deutscher Pudelklub 98
Altenheime (hundefreundliche) 105
Anleinen 40, 42, **77-79**, 87-89
A.O.G., Agentur ohne Grenzen 56
Apportieren 13, 16
Artgerechte Hundeerziehung Dr. Andrea Kleist 37
Ausbildung 17, 18, **30-41**
Ausgehen mit Hund 83
Auslauf (Bedarf) 15
Ausstellungen **17-18**, 101
Auswahl des Hundes (Tipps) 91-97
Auto fahren mit Hund 45-47
Baden 15, 24, 26
Bahn fahren mit Hund 46-47
Bayerische Landestierärztekammer 72
Bayerischer Dachshundeklub e.V. 98
Begleithundeausbildung 37-39
Begleithundeschule Astrid Cordova 37
Besuchsdienste (Organisation) 19
Betreuung **51-55**, 56-59
Beutetrieb 10, 14
Bindung an den Menschen 7-8
Bundesverband Tierschutz 97
Bus fahren mit Hund 46-47
Deutsche Gesellschaft der Tierheilpraktiker 72
Deutscher Hundesportverband e.V. 38
Deutscher Tierschutzbund 6, 47, 53
Deutscher Verein f. Blindenführhunde 103
Diät 76
Die Pfote 74
Dog-Dancing 34-36
Dog's Academy München 37
Dogsitter 52-58
Einkauf mit Hund 83
Entwurmung 66
Ernährung (Beratung & Tipps) **70-71**, 76
Erste-Hilfe-Kurse 74
Erziehung 16-18, **30-39**, 78-79
Fahrrad fahren mit Hund 41-42
Fangspiele **12-14**, 34
Feng-Shui 64
Fernsehsendung »Zeit für Tiere« 101
Fressnapf 56

Freundeskreis betagter Tierhalter 97
Futter-Fachgeschäfte 74-76
Futterhäus'l 50, 104
Futterumstellungen 54, **70-71**
Gassigeh-Service 51, **58**
Gesundheitsgefahren (& -vorsorge) 15, **65-71**, 72-74, 76, 94
Haftpflichtversicherung 83
Haus des Hundes 64
Heilpraktiker 63-64, 72
Hotels (hundefreundliche) 103
Hunde- u. Katzenboutique 75
Hunde- u. Katzenpension Riffenthal 58
Hundefreunde Dachau e.V. 37-38
Hundepension Palm-Kufner 59
Hunderassen 91-101
Hundesalon Peter's 104
Hundesalon Sissy 104
Hundesalons **62**, 104
Hundeschule für Groß und Klein 38
Hundeschule u. Pension R. Kotyza 59
Hundeschulen **30-32**, 37-38, 58-59
Hundeschule-Pension A. Maier 59
Hundesport 38-43
Hundesteuer 80-81, 87
Hunde-»TÜV« 33
Hundezüchter 98-99
Huntel 64
Impfungen (notwendige) 66
Infektionskrankheiten 66
Inlineskating mit Hund 15
Institut f. Tierphysiologie 76
Interessengemeinschaft Deutscher Hundehalter 92
Internationale Rassehundeausstellung 101
Jagdtrieb 10, 14
Joggen mit Hund 15-16
Junghunde-Erziehungskurse 31-32, 37, 39
Kastration **66-68**, 94
Klub für Terrier 99
Klubs & Vereine 17, 18, 20, 37-39, 98-99, 103
Kot-Beseitigung 6, 87
Krankenversicherung 84
Krankheiten (Vorbeugung) 54-55, 65-66, 76
Krematorium (für Tiere) 106
Landesgruppe (LG) Bayern Süd 38-39
Läufigkeit **66-68**, 94

INDEX

Leben mit Tieren e.V. 20
Lebensversicherung 85
Lehner's Tierfutter 75
Leine (richtige Auswahl) 40
Leinenzwang 40, 47, **81-83**, 87-89
Leptospirose 66
Liga gegen Tierversuche und Tierquälerei e.V. 56-57, 101
Maulkorbpflicht 88-89
Mieterverein München e.V. 90
Mietrecht & Hundehaltung 77, 79, 90, 91-95
Miez und Mops 75-76
Münchner Verkehrs- u. Tarifverbund 49
Nachbarn (Rücksichtnahme) 80
Naturheilkunde (Fachtierärzte) 64, 72
Notfallbereitschaft 72-74
Obedience **33-34**, 36, 38
Obi 76
Öffentliche Verkehrsmittel 49
Parvovirose 55
Pedigree-Hotline 71
Pedigree-Züchterservice 92
Pensionen 53-55, 58-59
Pflanzen-Kölle 76
»Plus-Mitgliedschaft« (des ADAC) 47
Psychologische Wirkung der Hundehaltung 8
Rad fahren mit Hund 41-42
Rassen **91-97**, 98-101
Rechtsvorschriften für Hundehalter 40-42, 77-83, 87-90
Regeln beim Spielen 16
Rettungshundestaffel Oberbayern 104
Rikschamobil 49
Rücksichtnahme 6, 8, 11, 12, 60, 69, 80
Seminare (f. Hundehalter) 64
Seniorenheime (hundefreundliche) 105
Soft Touch 38
Soziales Engagement 19
Spaziergänge (Planung) & Ausflüge 11, 21-29
Spielideen 13-14, 17
Spielregeln (wichtige) 16
Spielzeug (geeignetes) 14
Stadt-Hundehaltung 6, 11, **91-97**
Staupe 66
Sterilisation 66-68
Stöckchenwerfen 13
Straßenverkehr 8, **40-48**
Streusalz & Grit 69
SV München Riem 39
SWSD Sicherheitsdienst Kraus 104
Taxi fahren mit Hund 43, **46**, 49
Taxizentrale 49
Tellington-Touch 61-62
»Tier & Urlaub« (Ratgeber) 47
Tierärzte 57, **72-74**
Tiere helfen Menschen e.V. 20
Tierfotografie U. Kment 104-105
Tierheilpraktiker & -physiotherapeuten **63-64**, 72
Tierheime 18
Tierschutzverein München e.V. 56, 101
Tiersittervermittlung 56-58
Tiertaxis **49**, 54
Tiervermittlungen 98-101
Tiervorsorgevollmacht 97
Tollwut 66
Tourenplanung 12
Trimm-dich-Pfade 17
Umzug mit Hund 81
Urlaub mit Hund 47-48
Urlaubsbetreuung **51-53**, 56-59
Veranstaltungen (Info) 19
Verband für das Deutsche Hundewesen e.V. (VDH) 8, 101
Verein Basco 29
Verkehrserziehung 50
Verlust des Hundes 85
Vermittlungsagentur M. Gerdschwager 58
Versicherungen 83-85
Vitamine 71
Wasserqualität 15
Welpenschulen u. -spielgruppen 30-32, 37-39
Winter & Hundepflege 68-69
Wohnung & Wohnumgebung (hundefreundliche) 77-80
Wurfspiele 12
Wurmkuren 66
Zentralverband der Ärzte für Naturheilverfahren (ZÄN) 72
Zecken & Flöhe 66
Zentralverband der Zoofachhändler 72
Zubehör-Fachgeschäfte 74-76, 104
Züchter 98-99

SO VIEL SPASS MUSS SEIN!

Ziehen und Zupacken

Spielzeug für kleine Hunde

Saturnball

Quadra

Wellenring

Funball

Rahmenball

Wenn Sie Ihren nächstgelegenen Händler für Pedigree® Zubehör erfahren möchten, rufen Sie an – wir informieren Sie gern:
01 80/5 30 03 25 (gebührenpflichtig)

Pedigree®

Heimtierbedarf in Perfektion

IMPRESSUM

Herausgeber: Pedigree/Masterfoods GmbH, Verden
Verlag: COMPANIONS GmbH,
Rödingsmarkt 9, 20459 Hamburg
Tel. 040-306 04-600, Fax 040-306 04-690,
E-Mail: info@companions.de, Internet: www.companions.de

Fachautorin: Thekla Vennebusch (Tierärztin)
Regionalautorin: Caroline Colsman
Fachberatung: Christa Westendorf (Interessengemeinschaft Deutscher Hundehalter e.V.)
Lektorat und Schlussredaktion: Petra Klose
Schlusskorrektur: Arnd M. Schuppius
Titelgestaltung und Layout: Cornelia Prott
Produktion: Carin Behrens
Ausbelichtung, Druck und Bindung: Neue Stalling GmbH & CoKG

Bildnachweise:
Titelfoto: Fotex
EyeWire: S. 2, 14, 23, 27, 32, 41, 46, 57, 73, 74, 77, 84, 87, 95; elektraVision: S. 7, 20, 65, 67, 89, 91, 93, 98, 102; PhotoDisc: S. 10, 28, 51, 62, 82; Interessengemeinschaft Deutscher Hundehalter e.V.: S. 13, 17, 36, 39, 75 (Berndt Andresen), 50; PhotoAlto: S. 30; Rico Pfirstinger: S. 35; Ein Herz für Tiere: S. 43 (P. Gehlar), 48, 69 (Ulrike Schanz); John Foxx: S. 44, 80
Illustrationen: Désirée Widenmann

ISBN 3-89740-314-5

Wir danken Natalie Domagalski, Eva-Lotte May, Claudia Paul, Britta Schröder und allen anderen, die zum Gelingen dieses Buches beigetragen haben.
Bei Redaktionsschluss standen viele Euro-Preise noch nicht fest. Da die Angaben auf eigenen Berechnungen beruhen, kann es bei den Preisbeispielen zu Abweichungen kommen.

© 2001 COMPANIONS GmbH, Hamburg. Alle Rechte vorbehalten, auch die der auszugsweisen sowie fotomechanischen und elektronischen Vervielfältigung sowie der kommerziellen Adressen-Auswertung und Übersetzung für andere Medien. Anschrift für alle Verantwortlichen über den Verlag. Alle Fakten und Daten in diesem Buch sind sehr sorgfältig vor Drucklegung recherchiert worden. Sollten trotz größtmöglicher Sorgfalt Angaben falsch sein, bedauern wir das und bitten um Mitteilung. Herausgeber und Verlag können aber keine Haftung übernehmen.